tableaux en fils

dessain et tolra
10, rue Cassette - 75006 PARIS

Motifs de :
James Alexander. Nos 25, 27, 28, 29, 31, 32, 36
Sue Blunden. No 40
Martin Coppard. Nos 4, 17, 18, 21, 24
Graham Elson. Nos 8, 15, 16, 19, 37
Bill Gutteridge. No 1
Paul Hutchinson et Jim Urquhart. Nos 41, 42, 43, 44
Edith Payne. Nos 2, 3, 5, 6, 7, 10, 11, 12, 13, 14, 22
Sonia Pitcher. Nos 26, 34, 35
Linda Proud. Nos 30, 33
Frank White. Nos 9, 20, 23, 38, 39

Photographies
Alan Duns
Graham Elson (Nos 8, 15, 16, 19, 37)

Maquette
Bill Bayley

Rédaction
Vivien Bowler

Traduction de Daniel Van den Eynde

Titre original en langue anglaise: *Pictures with pins*

Dépôt légal: 2e trimestre 1979. No d'éditeur: 1953

Imprimé en Italie

ISSN 0336 - 5212 ISBN 2-249-22501-X

* * * * * * *

TABLE

AVANT-PROPOS

Vous n'avez pas besoin d'être un as du pinceau pour faire un tableau aujourd'hui. Il est bien plus facile de le composer avec des clous, un marteau et une bobine de fil.

Les panneaux en fil sont une nouveauté, mais ils sont faciles à réaliser et font beaucoup d'effet. Essayez, une après-midi pluvieuse ou, quand vous aurez fini de planter les clous, en regardant la télévision le soir.

Les enfants, d'ailleurs, trouvent cela très amusant. Vous serez étonné de voir avec quelle imagination ils inventent de nouveaux motifs. En dessous de douze ans, il faudra un peu les aider à planter les clous et à tendre les fils.

Dans ce livre, la technique progresse... au fil des pages, des motifs les plus simples aux plus complexes ; vous pouvez les reproduire tels quels ou seulement vous en inspirer. Les douze signes du zodiaque ont été interprétés comme des sculptures en fil ; ce serait de jolis cadeaux d'anniversaire, et originaux !

A la suite des motifs réalisés avec des fils et des pointes, un chapitre spécial est consacré à la réalisation de tableaux composés seulement de clous, plantés ou collés à plat.

Chaque motif est illustré et accompagné d'explications claires et de la marche à suivre.

Ce livre vous initiera à ce passe-temps amusant et passionnant.

INTRODUCTION

L'art de composer des tableaux avec des fils tendus et des pointes connaît actuellement un succès de plus en plus large. Cette technique, assez facile à acquérir, permet de réaliser rapidement des sujets abstraits ou figuratifs. Lorsqu'on connaît bien les procédés de base, on peut créer librement. Il faut cependant avoir le sens des couleurs et des textures pour choisir à bon escient les pointes appropriées, le fil de la teinte et de l'épaisseur voulues et pour décider de la nature et de la qualité du revêtement du support.
Le matériel nécessaire est peu coûteux et facile à se procurer, c'est l'un des principaux avantages de cette activité. Un autre, c'est qu'il n'est pas difficile de tendre des fils d'un clou à un autre. Que ces "sculptures en fils" - comme on les appelle parfois - soient simples ou très complexes, ne dépend pas nécessairement du degré d'habileté, mais du sujet choisi et de l'effet recherché. Un tableau extrêmement compliqué n'est pas difficile à réaliser, il prend simplement plus de temps et nécessite plus de matériaux.
Les huit premiers modèles présentés dans ce livre sont simples, soit parce qu'ils comprennent peu de clous, soit que le fil soit toujours tendu selon des séquences régulières.
Si l'on veut créer un tableau décoratif qui ait une certaine valeur artistique, il ne suffit pas de tendre une longueur de fil entre une série de clous enfoncés dans un panneau. On peut superposer une ou plusieurs nappes de fils, l'une sur l'autre, pour obtenir des figures doubles, comme par exemple celle du paon (p. 78) ou celle de l'apollon (p. 79).

Choix des matériaux

Support. Il est important de prendre une planche qui ne se gauchira pas et qui maintiendra solidement les clous ; par exemple, du contre-plaqué ou une plaque d'aggloméré d'au moins 13 mm d'épaisseur. Pourvu que le bois ne soit pas piqué ni fendu, une vieille plaque de contre-plaqué convient parfaitement ; en fait, elle est souvent meilleure qu'une neuve : elle ne risque pas de se déformer car le bois est sec et ne travaille plus. Les dimensions indiquées pour chaque modèle ont été calculées pour laisser un bord assez important tout autour du motif. Si vous n'avez pas de plaques assez grandes, réduisez les cotes en conséquence.

Pointes. Il faut des clous à tête pour empêcher le fil de glisser. Dans la mesure du possible, il est intéressant d'assortir la couleur des pointes à celle des fils : clous en laiton avec fil d'or, clous en acier avec fil d'argent, clous en cuivre rouge avec fil rougeâtre. Choisissez de préférence des clous à petite tête parce qu'ils seront moins visibles dans la composition achevée et ne nuiront pas au motif dessiné par les fils. Les pointes doivent avoir 13 ou 19 mm de long.

Fil. Les couleurs et le genre de fils proposés pour ces modèles sont donnés à titre indicatif. Choisissez-les vous-même pour donner à vos tableaux plus de personnalité. La gamme des fils utilisables est très large : fine cordelette d'emballage, ficelle de couleur vive, fil d'or, d'argent, de cuivre, fil de nylon, de coton, etc. Beaucoup de fils ont une surface brillante qui, en réfléchissant la lumière, donne à la composition un éclat supplémentaire.
Le raphia, qui existe en de nombreux coloris, peut aussi être utilisé ; pour de très grands tableaux, la corde de sisal, dont la texture poilue - surtout si le sisal est teint - permet des effets esthétiques inhabituels.
On aura peut-être quelques difficultés à se procurer la quantité suffisante de fil d'une qualité donnée. Dans ce cas, pourquoi ne pas utiliser du fil de laine. On vend parfois au rabais des pelotes ou des écheveaux de laine dépareillés. Ce n'est pas à négliger car la quantité de fil nécessaire est souvent très importante.
Si vous avez choisi la laine, prenez des coloris qui contrastent bien les uns avec les autres. La laine blanche est excellente car elle met en valeur les autres teintes et étoffe le tableau.

Réalisation d'un tableau

Recouvrement du support. Il y a deux manières de traiter le support : soit le peindre, c'est la plus simple, soit le recouvrir d'une étoffe (feutrine, grosse toile, etc.). Si vous le peignez, prenez une peinture mate à base de polyuréthane : son fini est excellent et résistant.
Pour recouvrir le support d'étoffe, voici deux suggestions :

Feutrine. La pièce de feutrine doit avoir au moins 5 cm de plus que la plaque à recouvrir. Repassez le tissu pour enlever tous les plis. Placez la plaque au centre de l'étoffe. Enduisez de colle un bord de la plaque et rabattez la feutrine. Faites la même chose sur le bord opposé en tendant la feutrine. Pliez le tissu aux coins du support (angles à 45° - voir le schéma) et collez les deux autres côtés.

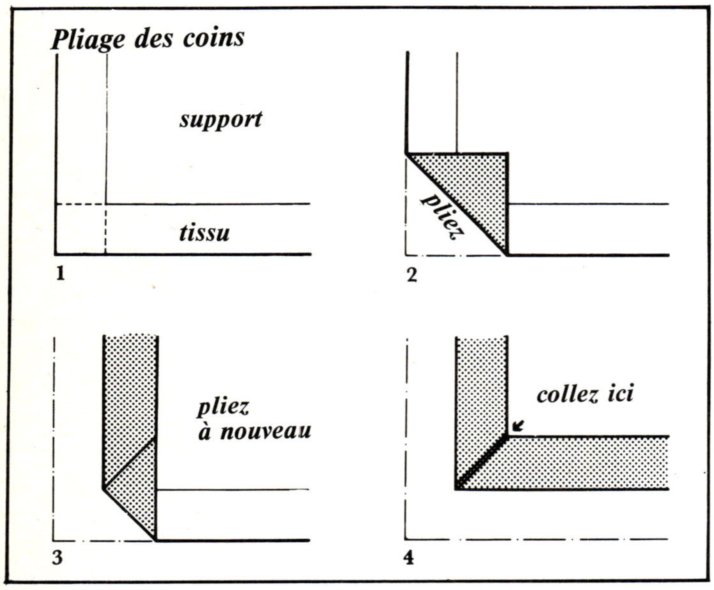

Grosse toile. Coupez une pièce qui ait au moins 7,5 cm de plus que la planche. Repassez la toile, faites-y tout autour un petit ourlet de 7 mm et repassez-le. Posez la planche sur la toile, rabattez la toile sur le bord d'un côté et clouez-la avec des semences de tapissier espacées de 3 ou 4 cm. Tendez la toile sur le côté opposé et clouez. Pliez la toile aux angles.

Report du motif. Tous nos schémas sont sur grille quadrillée. Chaque carré a 2,5 cm de côté. Achetez, ou faites vous-même, quelques feuilles de papier quadrillé ou millimétré et reportez-y les lignes du schéma avec la plus grande précision. Chaque ligne représente une rangée de clous. Marquez aussi les chiffres et les numéros de chaque clou. Placez ensuite ce patron sur l'endroit du support et fixez-le avec quelques punaises dans les angles.

Clouage. Enfoncez les clous à leur emplacement à travers le papier. Utilisez un gabarit de hauteur (pièce de bois ou bloc de métal) pour que les clous soient tous au même niveau.

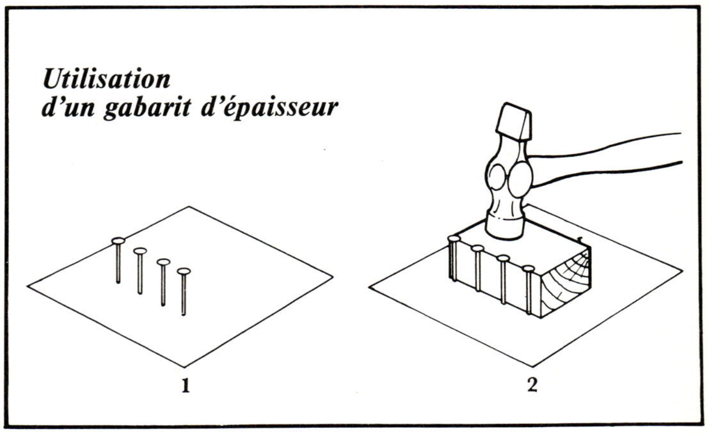

Fils. Il est important d'avoir de grandes longueurs de fil. C'est plus facile pour les tendre et, d'autre part, moins il y aura de raccords dans une même couleur, mieux ce sera. Les raccords entre deux fils doivent être faits très soigneusement. Chaque fois que c'est possible, faites le raccord sur un clou. Ainsi l'aspect du tableau achevé ne sera pas enlaidi par une multitude de vilains petits nœuds. Nouez les deux fils, serrez le nœud et coupez les bouts aussi près que possible du nœud. Mettez un point de colle chaque fois que vous nouez un fil sur un clou. Lorsque vous faites passer le fil d'un clou à un autre, faites-lui faire un tour complet autour du clou pour qu'il ne glisse pas (voir schéma). Ceci ne vaut pas pour les motifs où le fil doit être passé derrière deux clous consécutifs (exemple : Madone p. 10). Dans ce dernier cas, essayez de garder le fil aussi tendu que possible pendant la pose et tirez dessus jusqu'à ce que vous arriviez à un clou où vous devez l'arrêter.

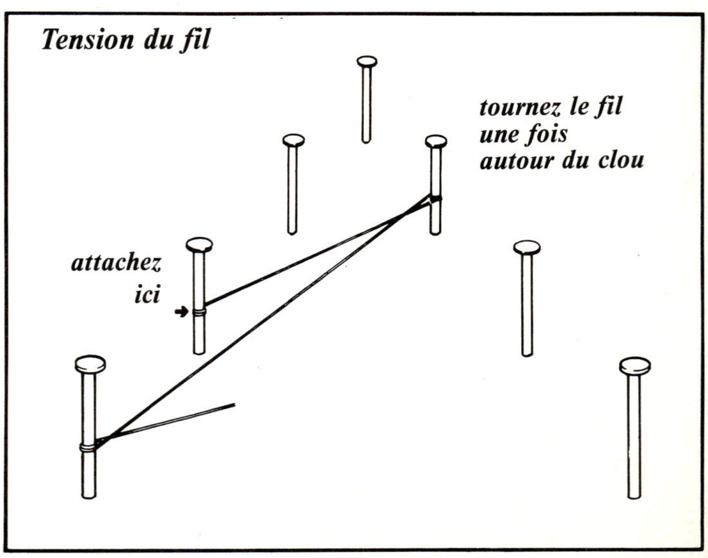

1
PLEINE LUNE

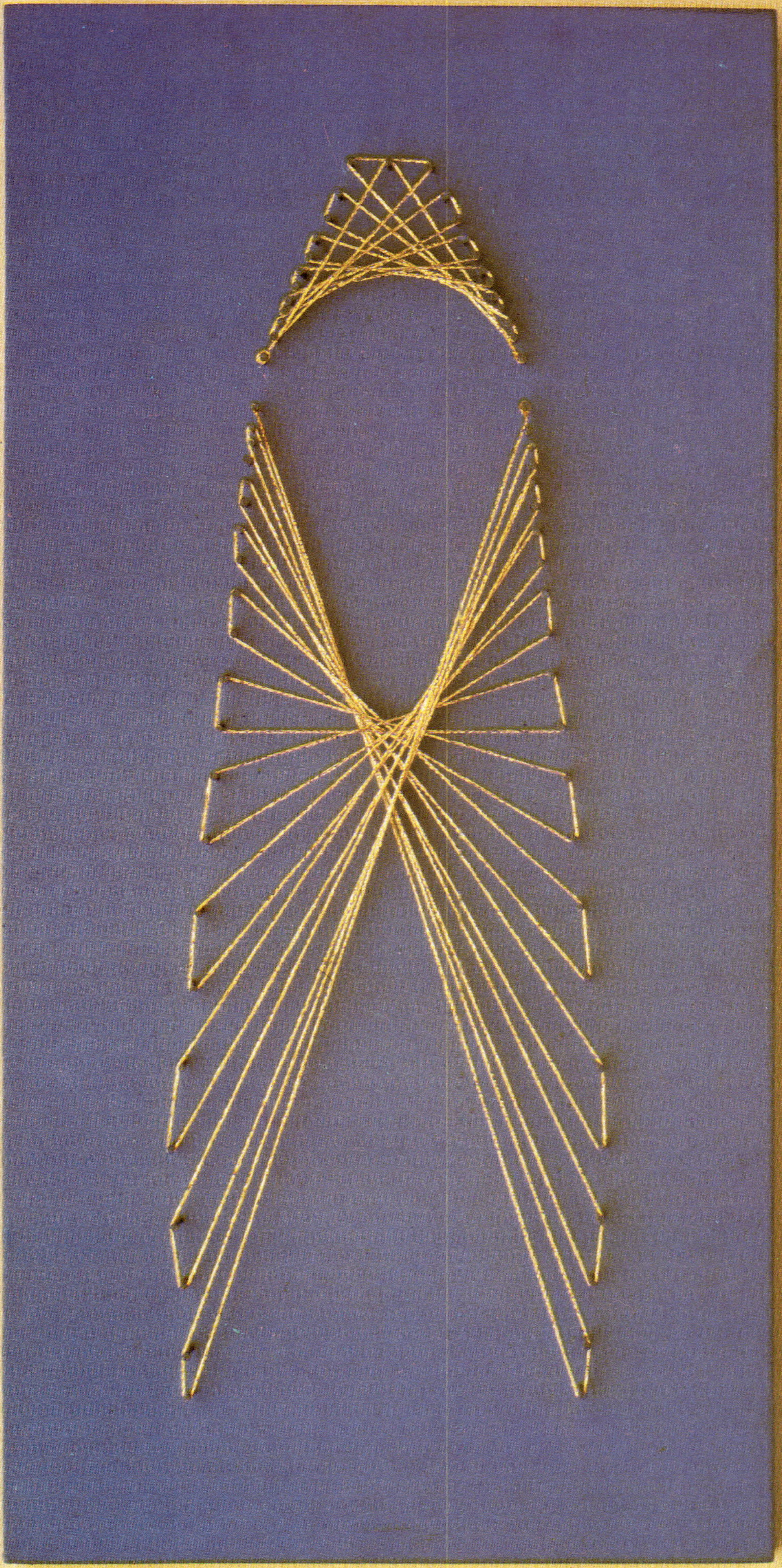

2
MADONE

3
HÉRON

4
ÉTOILE DOUBLE

5
COMÈTE

7
TRUITE

6
BERGER

8
TOURBILLON

1
PLEINE LUNE

Matériel. Contre-plaqué ou aggloméré (61 x 61 x 1,3 cm) ; grosse toile (66 x 66 cm) ; papier quadrillé ; 86 pointes ; colle transparente ; une pelote de fil doré et une pelote de fil d'argent.

Patron. Sur le papier quadrillé, tracez le patron en l'agrandissant à l'échelle réelle et marquez un point à l'emplacement de chaque clou. L'intervalle entre chaque clou doit être rigoureusement égal. Utilisez pour cela un compas. Marquez le numéro des clous 1, 30 et 59.

Support. Peint ou recouvert d'étoffe. Voir l'introduction.

Pointes. Placez le patron sur l'endroit du support préparé. Attachez-le avec des punaises aux 4 coins. Clouez les pointes à travers le papier, puis enlevez-le avec précaution.

Fils. Attachez le fil au clou 1, puis tendez-le de la manière suivante : 1-30, 30-59, 2-31, 31-60, 60-3, 3-32, 32-61, 61-4, et ainsi de suite, dans cet ordre jusqu'à ce que vous soyez revenu en 1. Alternez le fil d'argent et le fil doré selon votre goût, mais changez de fil à un clou. Pour étoffer davantage le tableau, vous pouvez tendre une seconde nappe de fils sur la première.

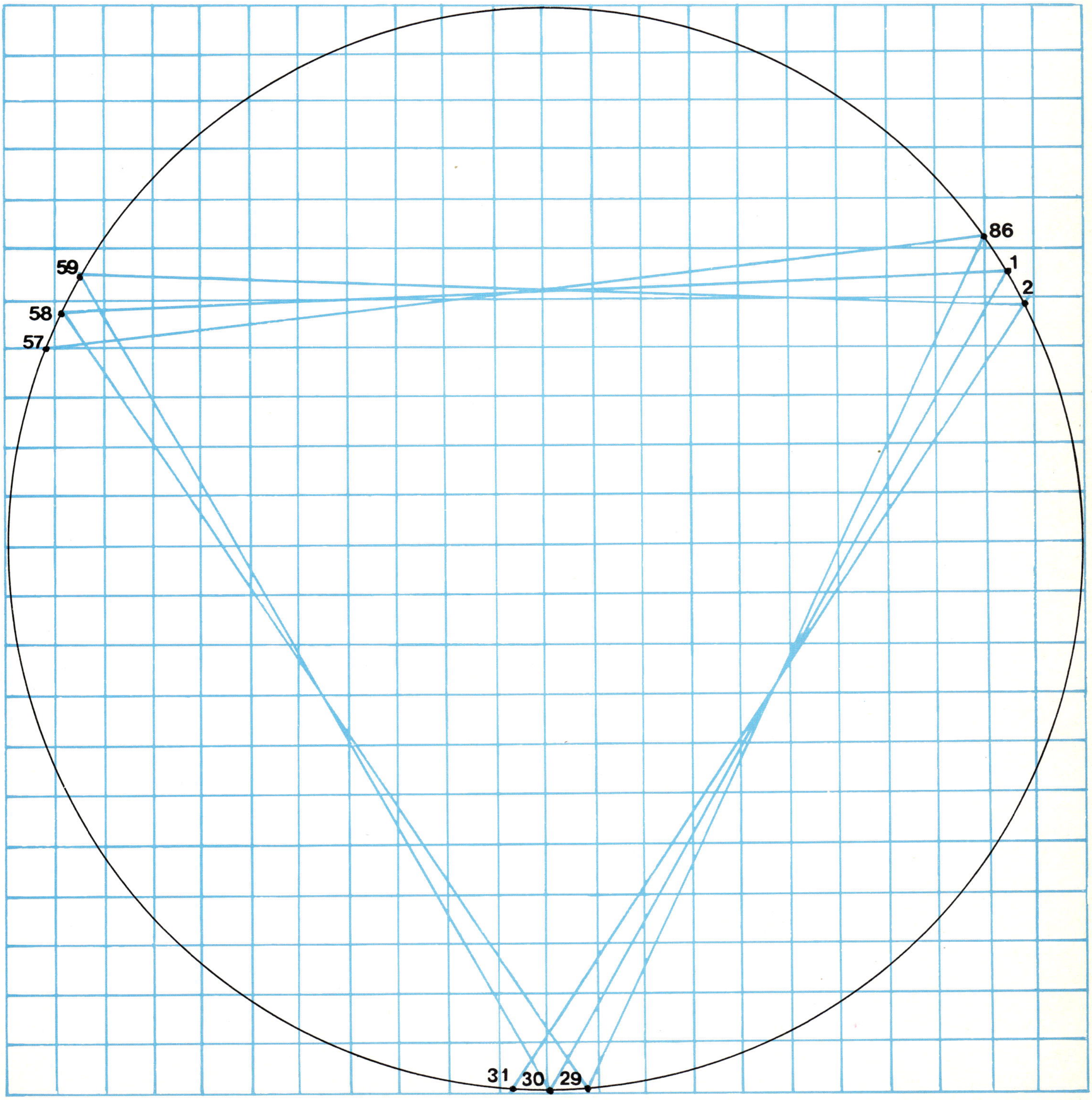

2
MADONE

Matériel. Contre-plaqué ou aggloméré (457 x 229 x 13 mm) ; grosse toile (553 x 305 mm) ; environ 2 douzaines de semences de tapissier ; papier quadrillé ; 67 clous de 13 mm ; une pelote de fil doré.

Patron. Faites-le sur du papier quadrillé en agrandissant le graphique à l'échelle réelle. Marquez l'emplacement des clous par des points. Tracez les lignes A1-A25, B1-B21 etc. en conservant entre les points les espaces indiqués sur le schéma.

Support. Voir l'introduction.

Pointes. Enfoncez les pointes à travers le papier posé sur le support et fixé aux quatre coins avec des punaises. Enlevez ensuite le patron soigneusement.

Fils. Attachez le fil A1 et faites-le ensuite passer en A13, A13-A14, A14-A2, A2-A3, A3-A15, A15-A16, A16-A4, A4-A5 et ainsi de suite jusqu'en A24. A partir de A24, faites-le passer en A12, A12-A13, A13-A25 et arrêtez-le à ce clou. Attachez un autre fil en B1 et tendez-le vers C1, C1-C2, C2-B2, B2-B3, B3-C3, C3-C4 et ainsi de suite jusqu'à C21 où vous arrêtez le fil.

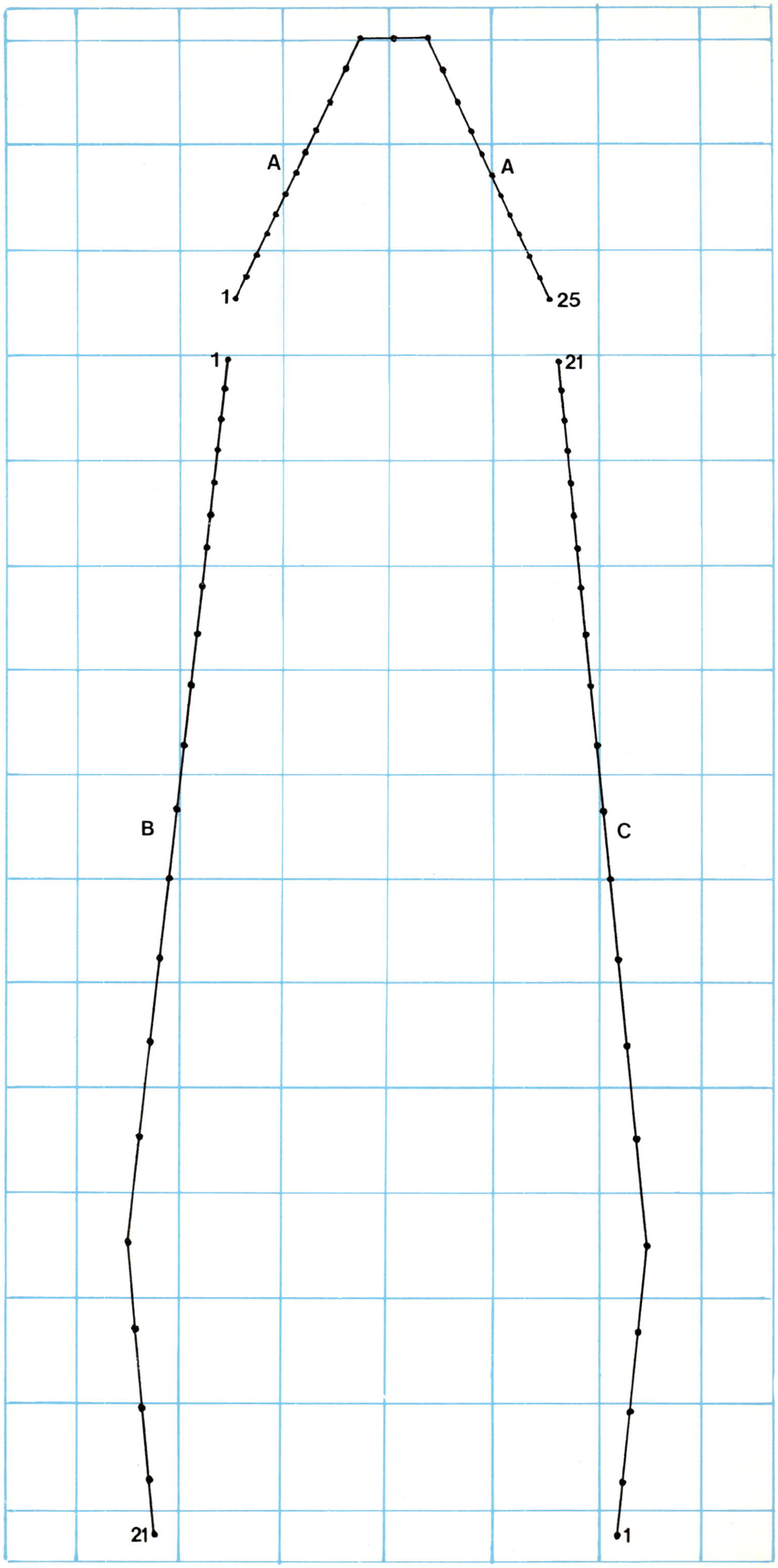

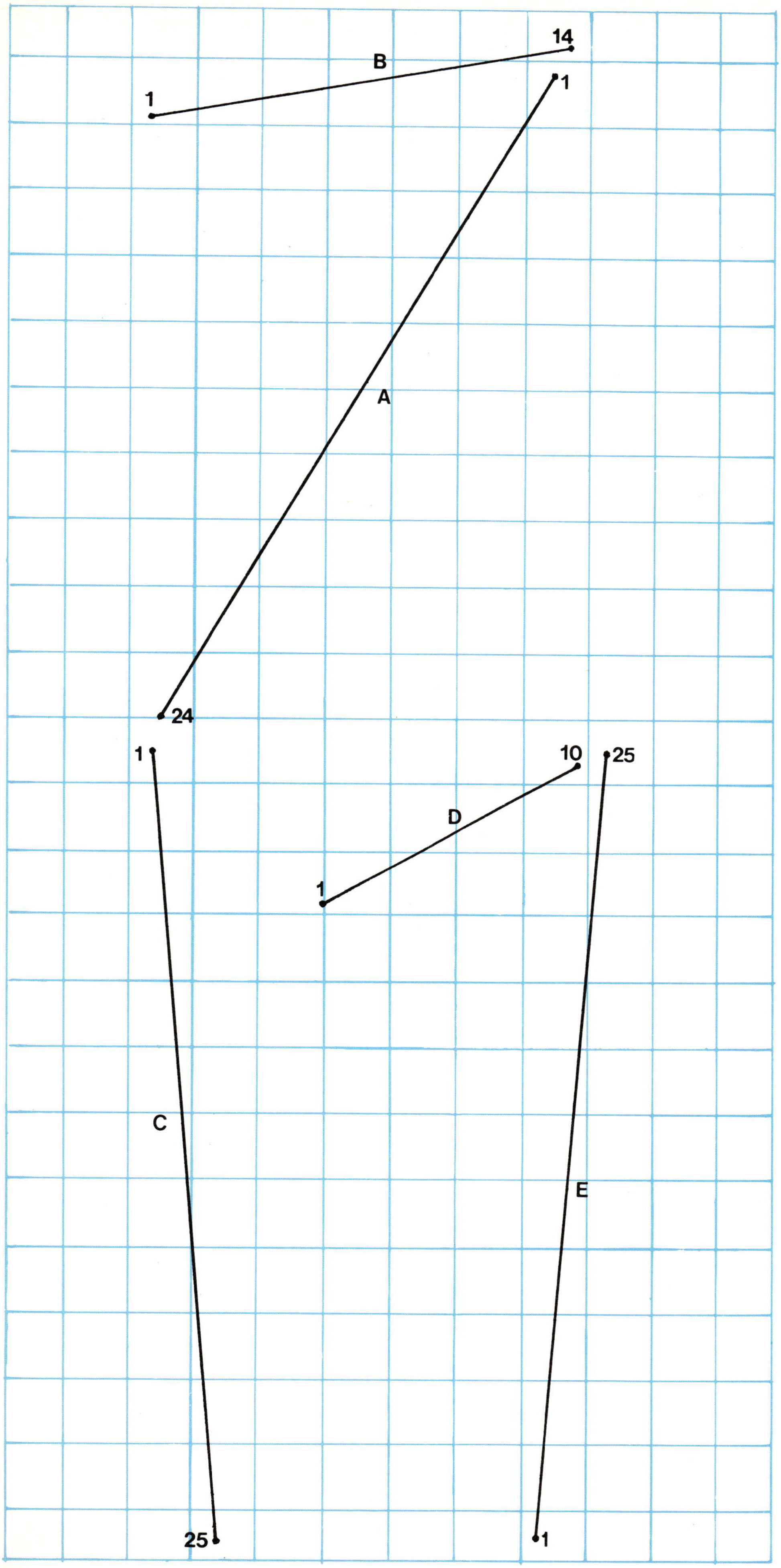

3
HÉRON

Matériel. Contre-plaqué ou aggloméré (686 x 254 x 13 mm) ; grosse toile (762 x 330 mm) ; papier quadrillé ; 95 clous de 13 mm ; pelote de fil noir.

Patron. Sur du papier quadrillé, agrandissez le schéma à l'échelle de réalisation et marquez d'un point l'emplacement de chaque clou. Marquez ainsi toutes les rangées de clous A1 - A24, B1 - B14 etc. en laissant entre les clous des espaces égaux.

Support. Voir l'introduction.

Pointes. Placez le patron sur l'endroit du support et fixez-le avec des punaises. Enfoncez les pointes à travers le papier. Enlevez ensuite le patron avec soin.

Fils. Nouez le fil en A1, puis A1-B1, B1-B2, B2-A2, A2-A3, A3-B3, B3-B4 et ainsi de suite jusqu'en B14. De B14, faites passer le fil en C1, C1-C2, C2-A1, A1 - A2, A2 - C3, C3 - C4, C4 - A3, A3 - A4 et ainsi de suite jusqu'en C25. De C25, faites passer le fil sur le côté droit de la rangée C, puis C1, C1 - E1, E1 - E2, E2 - C2, C2 - C3, C3 - E3, E3 - E4 et ainsi de suite jusqu'en E25. De E25 faites passer le fil en E24, E24 - D1, D1 - E23, E23 - E22, E22 - D2, D2 - D3, D3 - E21, E21 - E20, E20 - D4, D4 - D5, D5 - E19, E19 - E18, E18 - D6, D6 - D7 et ainsi de suite jusqu'au clou E25 où vous arrêtez le fil.

4
ÉTOILE DOUBLE

Matériel. Contre-plaqué ou aggloméré (508 x 356 x 13 mm) ; peinture blanche, pinceau, papier quadrillé; 126 clous de 13 mm ; 3 bobines de fil de couleur (nous avons utilisé du fil orange, rouge et blanc). L'illustration en couleur (p. 12) présente un tableau de dimensions réduites.

Patron. Faites l'agrandissement du schéma sur du papier quadrillé et marquez d'un point l'emplacement de chaque clou. L'espace entre les clous est régulier et identique pour les deux losanges.

Support. Voir l'introduction.

Pointes. Fixez le patron grandeur réelle sur l'endroit du support avec quelques punaises dans les coins. Enfoncez les clous à travers le papier, enlevez ensuite soigneusement le patron.

Fils. Attachez le fil orange en A1 puis faites-le passer en A33. Enroulez le fil sur A33 (dans le sens des aiguilles d'une montre) et passez à A2, A2 - A34, A34 - A3, A3 - A35, et ainsi de suite jusqu'à ce que vous soyez revenu en A1 (qui est aussi B1). De B1, passez le fil en B33, B33 - B2, B2 - B34, B34 - B3, etc., jusqu'à B1 où vous arrêtez le fil. Attachez le fil rouge en A17, passez à A49, A49 - A18, A18 - A50, etc. jusqu'à A17 (qui est aussi B49). De B49, passez à B17, B17 - B50, B50 - B18, etc. jusqu'à ce que vous soyez revenu à B49 où vous arrêtez le fil. Attachez le fil blanc en A57, puis vers A25, A25 - A58, A58 - A26, etc. jusqu'en A25 où vous arrêtez le fil. Répétez cette séquence en partant de B9.

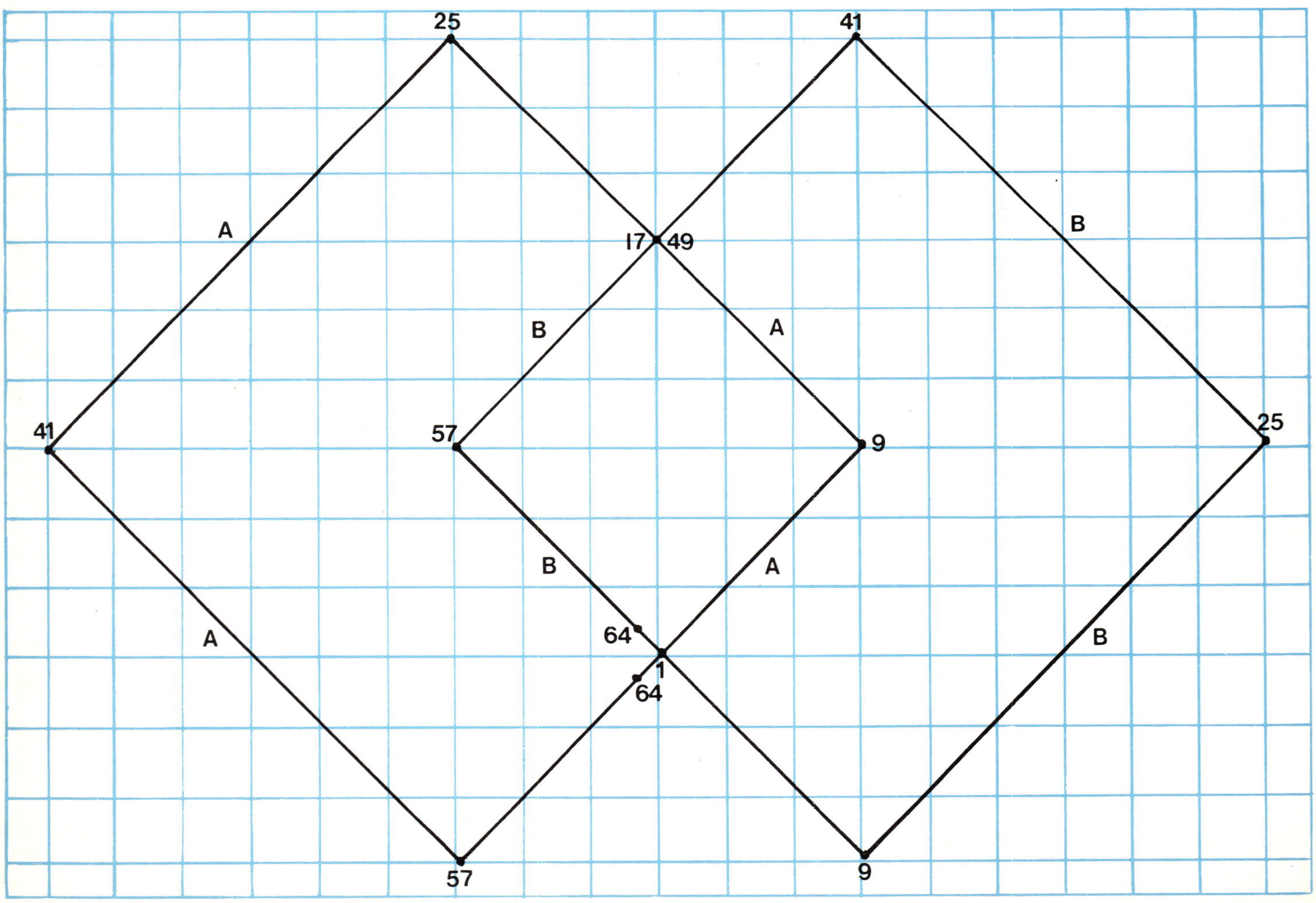

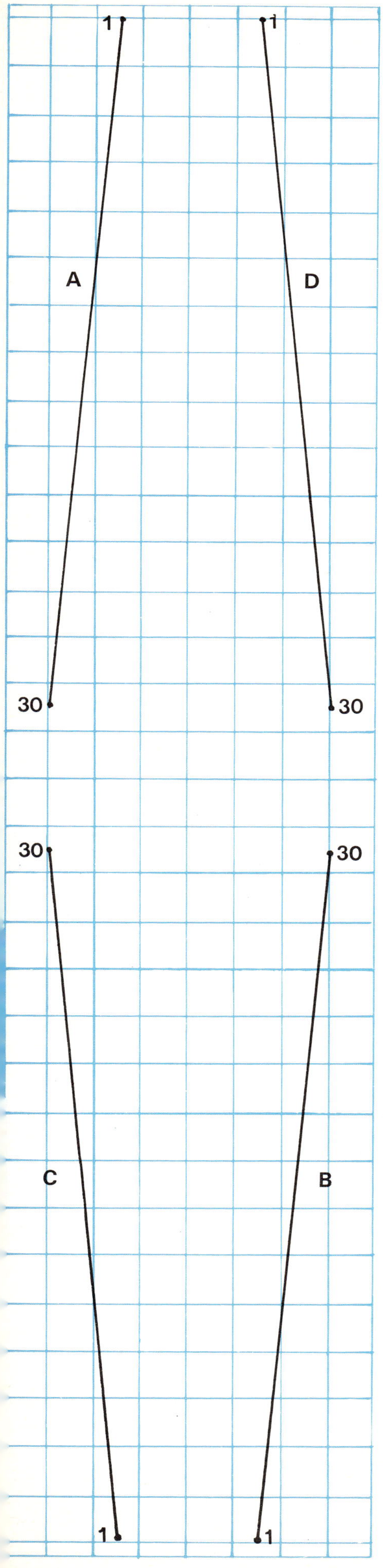

5 COMÈTE

Matériel. Contre-plaqué ou aggloméré (915 x 203 x 13 mm) ; grosse toile (991 x 279 mm) ; papier quadrillé, 120 clous de 13 mm ; une pelote de fil couleur cuivre.

Patron. Faites l'agrandissement du schéma sur du papier quadrillé et marquez d'un point chaque clou des différentes rangées A1 - A30, B1 - B30, etc. Espaces égaux entre les clous.

Support. Voir l'introduction.

Pointes. Fixez le patron sur l'endroit du support, avec quelques punaises dans les coins. Enfoncez les clous à travers le papier, puis enlevez le patron avec soin.

Fil. Attachez le fil en A1, puis faites-le passer en B1, B1 - B2, B2 - A2, A2 - A3, A3 - B3, B3 - B4, B4 - A4, etc. jusqu'à A30. De A30, passez le fil en A29, A29 - D1, D1 - D2, D2 - A28, A28 - A27, A27 - D3, D3 - D4, etc. jusqu'à D29. De D29, passez en D30, de D30 à C30, C30 - C29, C29 - D29, D29 - D28, D28 - C28, C28 - C27, C27 - D27, etc. jusqu'en D1, faites à nouveau passer le fil en dessous jusqu'en C1 et de là en B29, B29 - B28, B28 - C2, C2 - C3, C3 - B27, B27 - B26, B26 - C4, C4 - C5, etc. jusqu'à C29. De C29, faites revenir le fil en B1 et arrêtez-le là.

6
BERGER

Matériel. Contre-plaqué ou aggloméré (457 x 279 x 13 mm) ; grosse toile (533 x 356 mm) ; papier quadrillé ; 65 clous de 13 mm ; une pelote de fil d'argent.

Patron. Tracez le patron à grandeur réelle et marquez l'emplacement de chaque clou. Faites toutes les rangées A1-A11, B1-B11, C1-C19, etc. telles qu'elles sont sur le schéma. Espaces égaux entre les clous de chaque rangée.

Support. Voir l'introdution.

Pointes. Fixez le patron sur le support avec quelques punaises. Enfoncez les clous à travers le papier, puis enlevez le patron.

Fils. Attachez le fil en D1 et tendez-le jusqu'à F7, F7-F6, F6-D2, D2-D3, D3-F5, F5-F4, et ainsi de suite jusqu'en F1 où vous l'arrêtez. Attachez un fil en E1. De E1, passez à C7, C7-C6, C6-E2, E2-E3, E3-C5, C5-C4, etc. jusqu'en C1. Faites passer le fil en C2, C2-D10, D10-D9, D9-C3, C3-C4, C4-D8, etc. jusqu'en C10. De C10, passez à D1, D1-D2, D2-C11, C11-A2, A2-A1, A1-C12, C12-C13, C13-A3, A3-A4, A4-C14, C14-C15, C15-A5, A5-A6 et ainsi de suite jusqu'à A10. De A10, passez à B11, B11-A11, A11-A10, A10-B10, B10-B9, B9-A9, A9-A8, A8-B8, B8-B7, B7-A7, A7-A6, A6-B6, etc. jusqu'en A1 où vous arrêtez le fil.

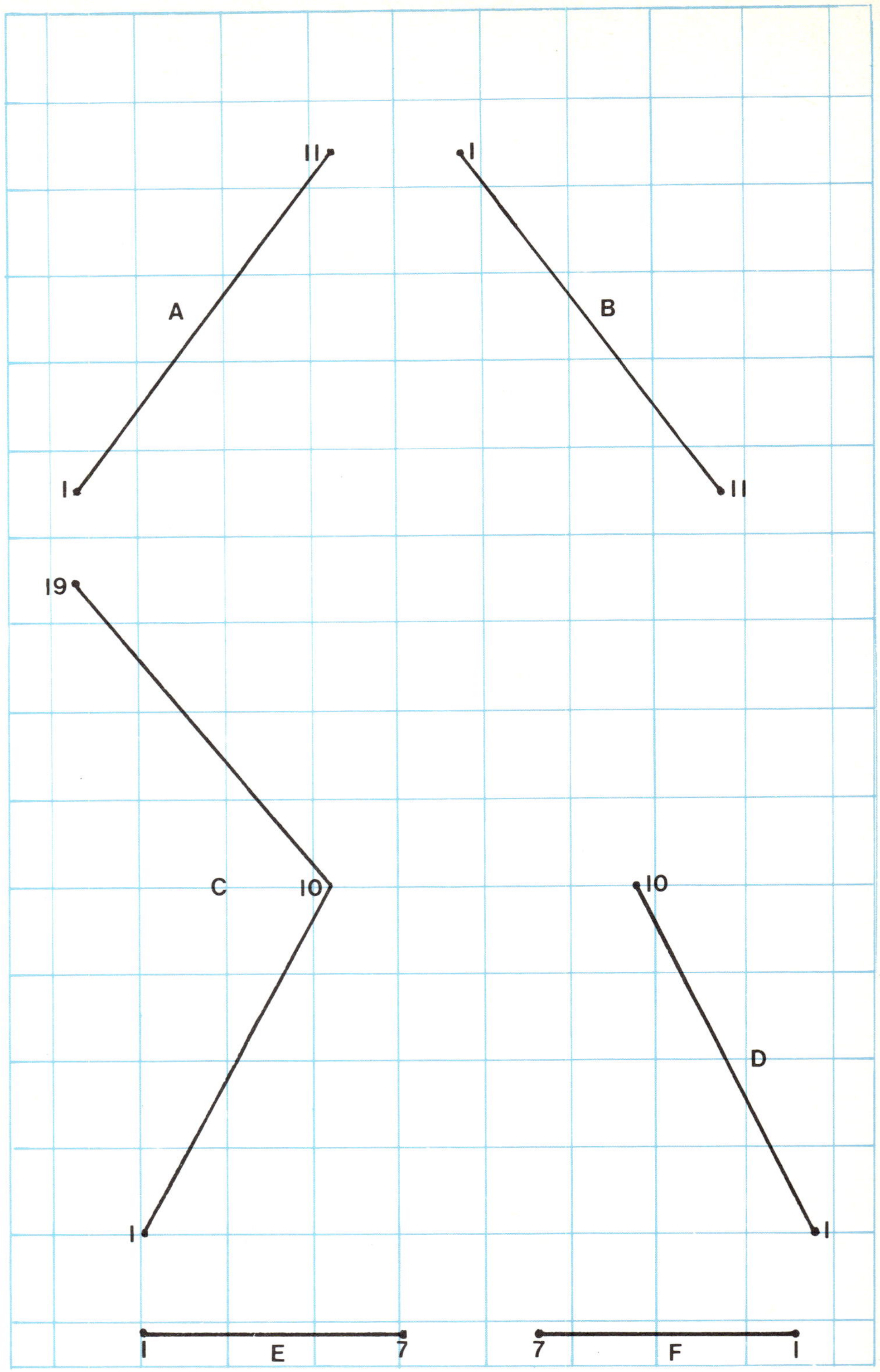

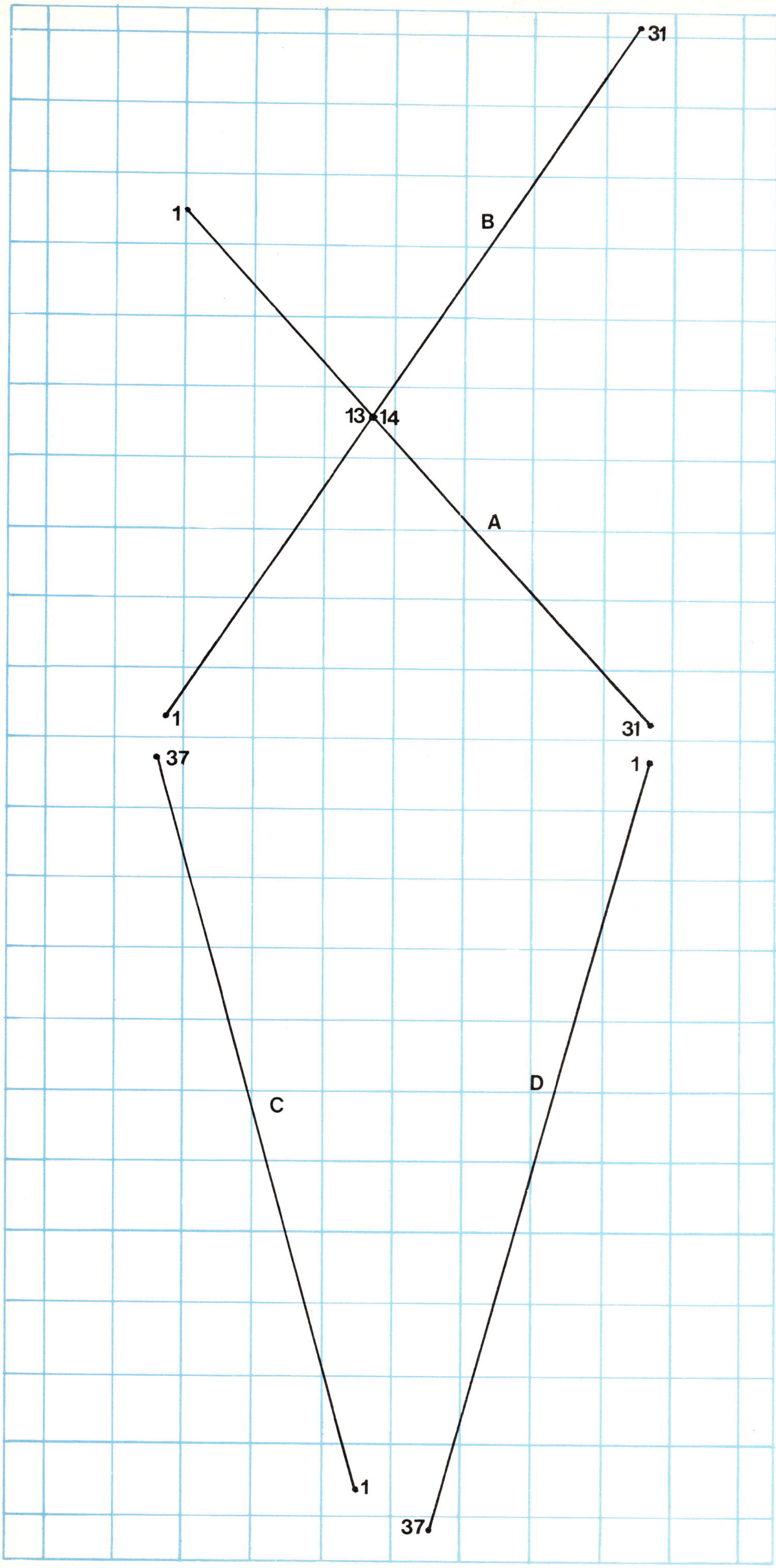

7
TRUITE

Matériel. Contre-plaqué ou aggloméré (686 x 254 x 13 mm) ; grosse toile (762 x 330 mm) ; papier quadrillé ; 135 clous de 13 mm ; pelote de fil noir.

Patron. Sur du papier quadrillé, tracez le patron grandeur réelle en agrandissant ce schéma. Chaque clou des différentes rangées A1 - A31, B1 - B31, etc. est représenté par un point. Tous les clous sont espacés régulièrement sur chaque ligne.

Support. Voir l'introduction.

Pointes. Fixez le patron sur le support avec quelques punaises dans les coins. Enfoncez les clous à travers le papier, puis enlevez soigneusement le patron.

Fils. Attachez le fil en A1, puis passez en B15, B15 - B16, B16 - A2, A2 - A3, A3 - B17, B17 - B18, B18 - A4, A4 - A5 et ainsi de suite jusqu'en B28. Ramenez le fil en A13 et arrêtez-le. Attachez un autre fil en C7 et passez en B1, B1 - B2, B2 - C8, C8 - C9, C9 - B3, B3 - B4, B4 - C10, C10 - C11 et ainsi de suite jusqu'en B31 (le fil venant de C37) où vous arrêtez le fil. Attachez un autre fil en D32 et passez-le en A31, A31 - A30, A30 - D31, D31 - D30, D30 - A29, A29 - A28 et ainsi de suite jusqu'en A1 (fil venant de D1) et arrêtez le fil. Attachez un autre fil en C25 et passez le fil en D37, D37 - D36, D36 - C24, C24 - C23, C23 - D35, D35 - D34 et ainsi de suite jusqu'à ce que vous atteigniez D13 où vous arrêtez le fil.

8 TOURBILLON

Matériel. Contre-plaqué ou aggloméré (514 x 460 x 13 mm) ; feutrine (565 x 510 mm) ; papier quadrillé ; environ 321 clous à tête et en laiton ; un grand clou à large tête pour le centre ; colle transparente ; pelote de coton de couleur.

Patron. Sur du papier quadrillé, tracez l'agrandissement du schéma. Marquez chaque clou d'un point. Tirez une ligne à partir du centre A jusqu'au départ de la spirale, puis tracez la ligne suivante à quelques degrés à droite jusqu'à la spire suivante et marquez d'un point la position du clou. Espacez les clous régulièrement comme l'indique le schéma jusqu'à l'extrémité de la spirale. Assurez-vous que les lignes ne se touchent pas l'une l'autre.

Support. Voir l'introduction.

Pointes. Placez le patron sur l'endroit du support et fixez-le avec quelques punaises. Enfoncez les pointes à travers le papier. Enlevez ensuite soigneusement le patron.

Fils. Attachez le fil à la pointe 1 et en passant par derrière le gros clou du centre, A, faites-le remonter jusqu'en 2, puis, en passant toujours par le centre, en 3, puis A-4, etc. Passez ainsi du centre à chaque numéro successivement. Arrêtez le fil à l'extrémité de la spirale.

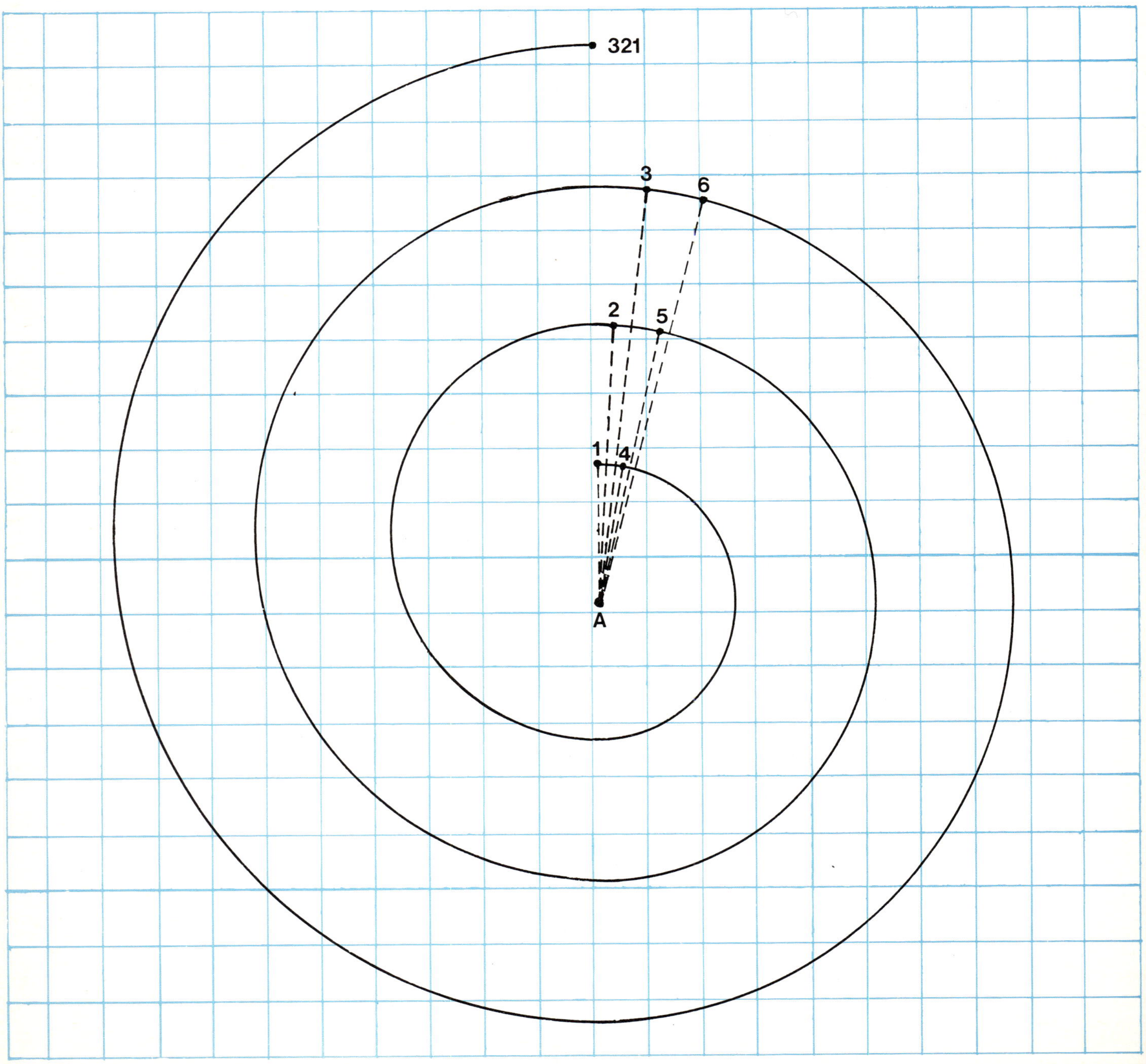

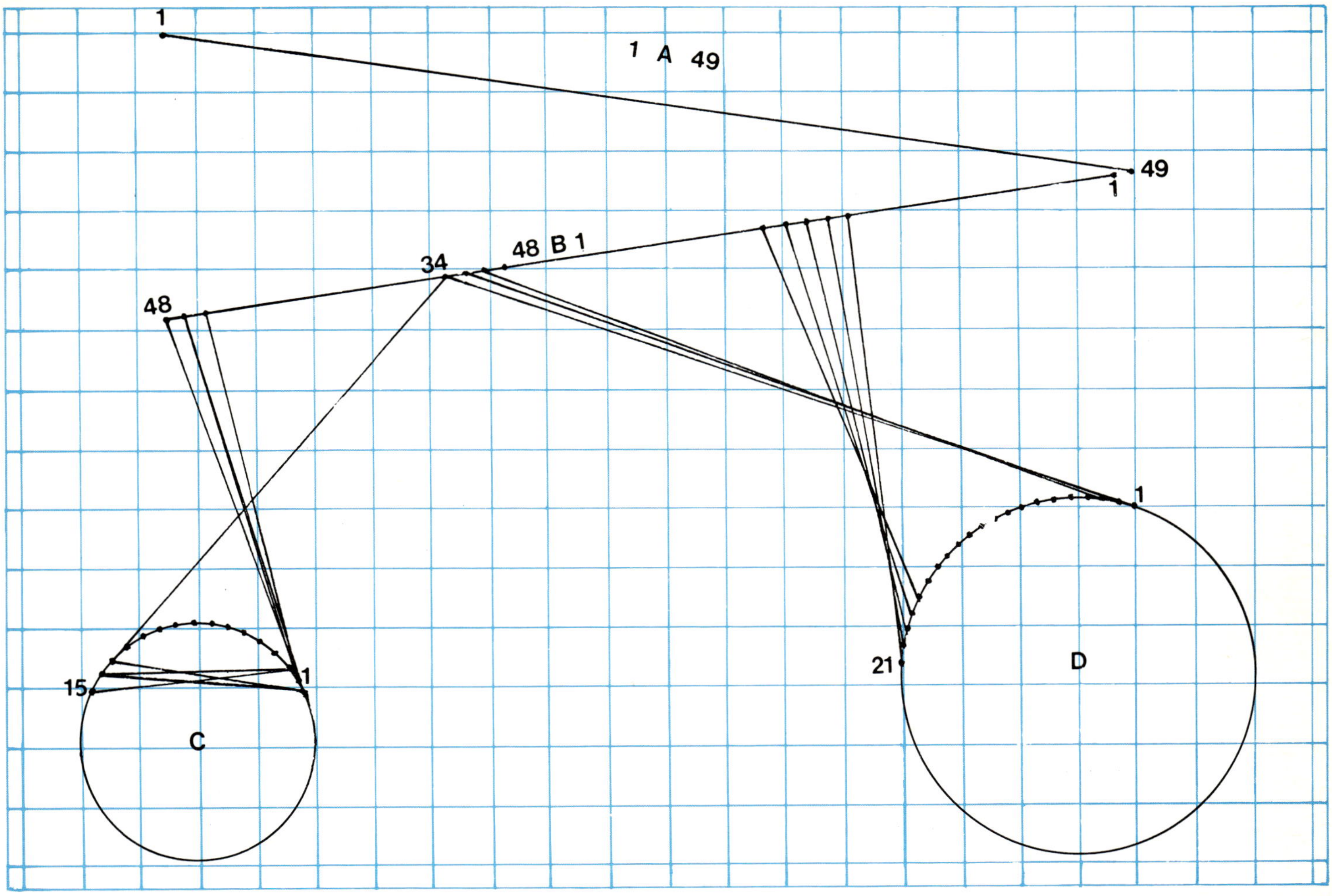

9
CABRIOLET LUNAIRE

Matériel. Contre-plaqué ou aggloméré (610 x 406 x 13 mm) ; peinture noire mate ; pinceau ; papier quadrillé ; 205 clous de 19 mm ; pelote de fil rouge.

Patron. Tracez sur le papier quadrillé le patron grandeur naturelle et marquez d'un point l'emplacement de chaque clou sur les différentes rangées A1-49, B1-48, etc. Les intervalles entre les clous d'une même ligne sont égaux.

Support. Peignez la planche en noir mat et laissez sécher.

Pointes. Fixez le patron sur l'endroit du support avec quelques punaises. Enfoncez les pointes à travers le papier, puis enlevez avec soin le patron.

Fils. Attachez les fils en A1, puis allez vers A49 à l'intérieur de la rangée A, A49-A2, A2-B1, B1-A3, A3-B2, et ainsi de suite jusqu'à ce que vous atteigniez B48. De B48, passez le fil vers C1, de C1 vers B47, B47-C2, etc. jusqu'en C15. De C15, faites passer le fil en C1, C1-C16, C16-C2 jusqu'à ce que vous reveniez en C15. De C15, faites passer le fil en B34, B34-D1, D1-B33, B33-D2 jusqu'en D21. De D21, faites passer le fil en D1, D1-D22, D22-D2 jusqu'à ce que vous reveniez en D21. Arrêtez le fil.

10
PASSANT

Matériel. Contre-plaqué ou aggloméré (457 x 279 x 13 mm) ; grosse toile (533 x 356 mm) ; environ 2 douzaines de semences de tapissier ; papier quadrillé ; 152 clous de 13 mm ; bobine de fil doré.

Patron. Faites l'agrandissement du schéma sur du papier quadrillé. Marquez d'un point l'emplacement de chaque clou sur les différentes rangées A1-A22, B1-B13, etc. Sur chaque ligne, les intervalles entre les clous sont identiques.

Support. Voir l'introduction.

Pointes. Fixez le patron sur l'endroit du support avec quelques punaises dans les coins. Enfoncez les pointes à travers le papier. Enlevez ensuite soigneusement le patron.

Fils. Attachez le fil en A1 et faites-le passer en B1, B1-B2, B2-A2, A2-A3, A3-B3, B3-B4, B4-A4, A4-A5 et ainsi de suite jusqu'à A13. A partir d'A13, passez le fil sous le côté droit de la rangée A jusqu'en B13. De B13 tendez le fil vers C1, C1-C2, C2-A1, A1-A2, A2-C3, C3-C4, etc. jusqu'à A22. De A22, passez à C22 et arrêtez le fil. Attachez de nouveau un fil en E1, passez à D1, D1-D2, D2-E2, E2-E3, E3-D3, D3-D4, jusqu'en E13. De là, faites passer le fil sous le côté droit de la rangée E jusqu'en D13, puis sur le côté gauche jusqu'en F1, F1-F2, F2-E1, E1-E2, E2-F3, F3-F4, etc. jusqu'en E22. De E22, faites passer le fil sur le côté gauche de la rangée F jusqu'en F22, F22-F8, F8-F9, F9-H1, H1-H2, H2-F10, F10-F11, F11-H3, H3-H4, etc. jusqu'à F21. De là, passez le fil en J1, J1-J2, J2-H12, H12-H11, H11-J3, J3-J4, etc. jusqu'à H1. De H1, tendez le fil sur G1, G1-G2, G2-H2, H2-H3, H3-G3, G3-G4, etc. jusqu'à G12. De G12, passez le fil sur H12 et arrêtez-le là.

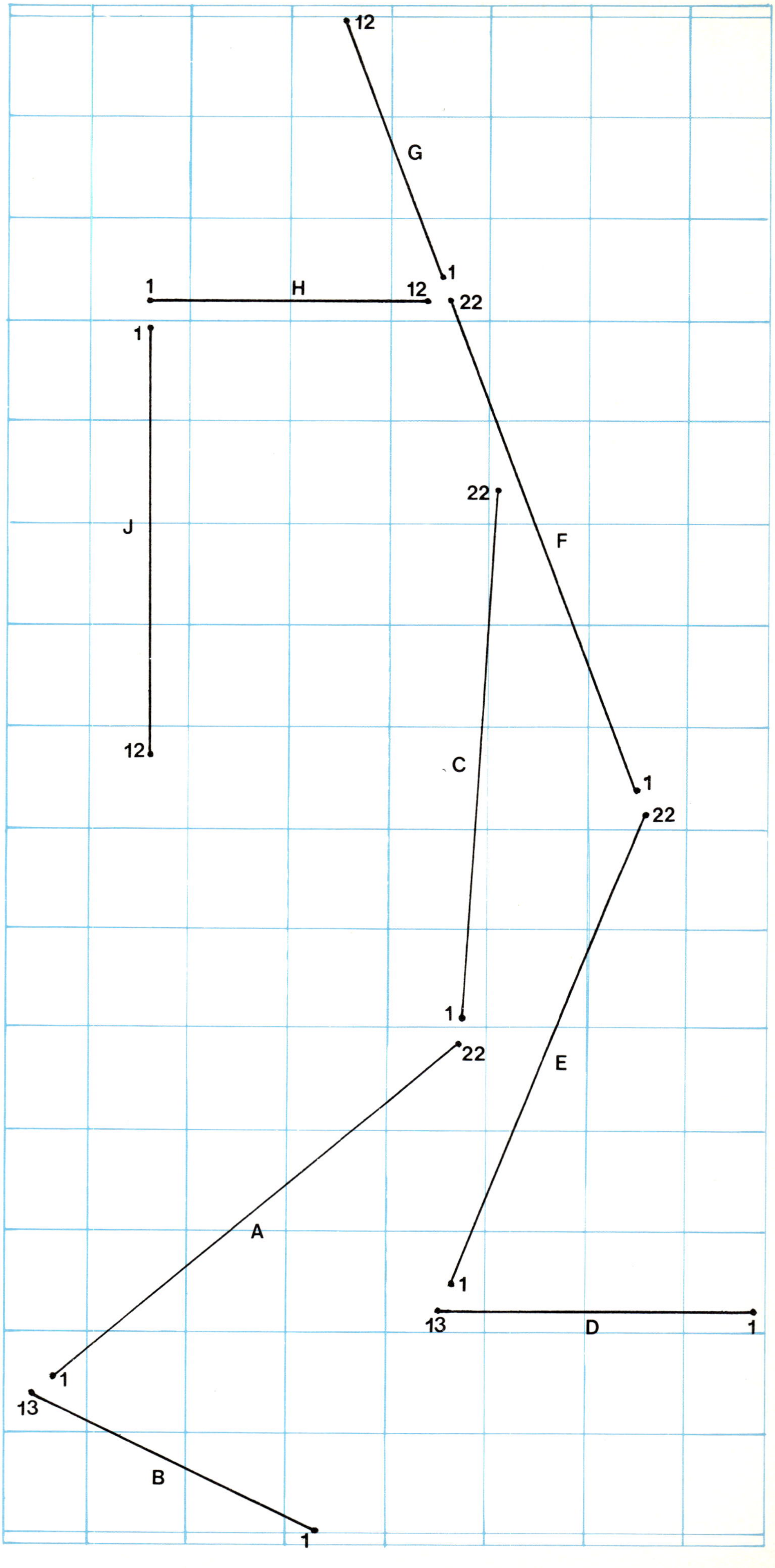

11
ENFANT DU BALLON

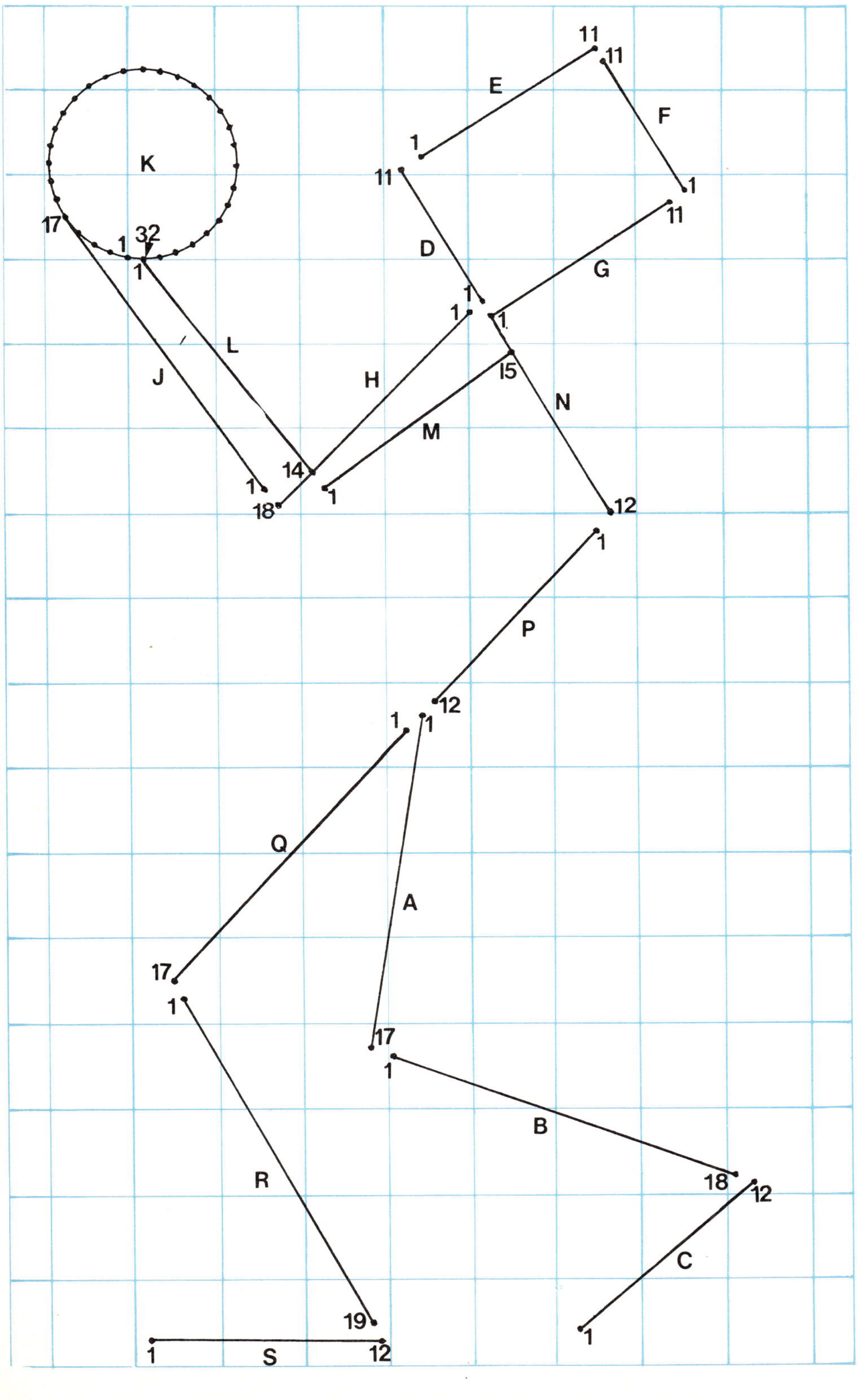

Matériel. Contre-plaqué ou aggloméré (457 x 254 x 13 mm) ; grosse toile (533 x 330 mm) ; papier quadrillé ; 207 clous de 13 mm ; 2 douzaines de semences de tapissier ; pelote de fil.

Patron. Faites l'agrandissement du schéma sur du papier quadrillé. Marquez chaque clou d'un point. Tracez chaque rangée A1-A17, B1-B18, etc. en espaçant régulièrement les clous sur chaque rangée.

Support. Voir l'introduction.

Pointes. Fixez le patron sur l'endroit du support avec quelques punaises dans les coins. Enfoncez les clous à travers le papier. Enlevez ensuite le patron soigneusement.

Fils. Attachez le fil en A1 et allez vers B1, B1-B2, B2-A2, A2-A3, A3-B3, B3-B4, et ainsi de suite jusqu'en B18. De B18, passez le fil en C1, C1-C2, C2-B17, B17-B16, B16-C3, C3-C4, etc. jusqu'à C12. De C12, passez le fil en B7 et arrêtez-le à ce clou. Attachez un fil en G1, tendez le fil jusqu'à D1, D1-E1, E1-E2, E2-D2, D2-D3, etc. jusqu'à D11. Faites tourner le fil autour de E11 jusqu'à G10, G10-G11, G11-F11, F11-F10, F10-G9, G9-G8, G8-F9, etc. jusqu'en F1. De F1, tendez le fil vers G1. De là, vers D1, D1-J1, J1-J2, J2-H1, H1-H2, H2-J3, J3-J4, J4-H3, H3-H4 et ainsi de suite jusqu'en H18. De là, passez le fil sur K1 et tournez-le une fois sur K1, puis K1-K12, K12-K23, K23-K2, K2-K13, K13-K24, K24-K3, K3-K14, etc. jusqu'à K32 (qui est aussi L1). De L1, passez le fil autour de M1, M1-M2, M2-L2, L2-L3, etc. jusqu'à M15 (qui est aussi N3). De N3, faites tourner le fil autour de N2 et N1 et puis vers P1, P1-P2, P2-N3, N3-N4, N4-P3, etc, jusqu'à P12. De P12, allez vers Q1, Q1-R1, R1-R2, R2-Q2, Q2-Q3, etc. jusqu'à R16. De R16, passez le fil en R19, par en dessous, R19-S1, S1-S2, S2-R18, R18-R17, R17-S3, S3-S4 et ainsi de suite jusqu'à R9. Arrêtez le fil.

12 BALLERINE

Matériel. Contre-plaqué ou aggloméré (457 x 254 x 13 mm) ; grosse toile (533 x 330 mm) ; papier quadrillé ; 227 clous de 13 mm ; deux bobines de fil de couleur différente.

Patron. Tracez l'agrandissement du schéma sur du papier quadrillé et marquez d'un point l'emplacement de chaque clou sur chaque rangée (A1-A20, B1-B9, etc.). L'espacement entre les clous d'une même rangée est identique, excepté pour les rangées D, E, G, H, J et K où vous devez suivre exactement le schéma.

Fils. Attachez le fil en A1, passez à B1, B1-B2, B2-A2, A2-A3, A3-B3, B3-B4, B4-A4, et ainsi de suite jusqu'en A8. De là, faites passer le fil en dessous, le long du côté gauche de la rangée A, puis au-dessus vers C1, C1-C2, C2-A2, A2-A3, A3-C3, C3-C4 jusqu'en A20. De là, passez le fil sur le côté droit de C jusqu'en X, au centre. A partir de X, tournez le fil autour de D2, D2-D1, D1-D3, D3-D2, D2-D4, D4-E1, E1-E2, E2-D5, D5-D6, D6-E3, et ainsi de suite jusqu'à D15. De là, passez le fil sous le côté gauche de la rangée E jusqu'à E17, E17-F1, F1-F2, F2-E16, E16-E15, E15-F3, F3-F4, etc. jusqu'à E10 et arrêtez le fil. Attachez un fil en H15 et allez vers G1, G1-G2, G2-H18, H18-H19, H19-G3, G3-G4, G4-H20, et ainsi de suite jusqu'à G11. De G11, tournez le fil autour de G14 et, dessus, vers J1, J1-I1, I1-I2, I2-J2, J2-J3, (qui est aussi G10), J3-I3, etc. jusqu'à I8. De là, passez à gauche de J jusqu'en K19, K19-J15, J15-K5, K5-K7, K7-J14, J14-J13, J13-K9, K9-K11, etc. jusqu'à J5. Arrêtez le fil. Attachez un fil en X, faites H17-H16, H16-L16, L16-L15, L15-H15, etc. jusqu'à L1. De L1, revenez en X, puis X-N11, N11-M1, M1-M2, M2-N10, N10-N9, etc. jusqu'à la fin. Faites NO et CO de la même manière et arrêtez le fil. Attachez un fil en L16, faites L16-K16, K16-K15, K15-L15, L15-L14, etc. jusqu'en L1. Arrêtez le fil.

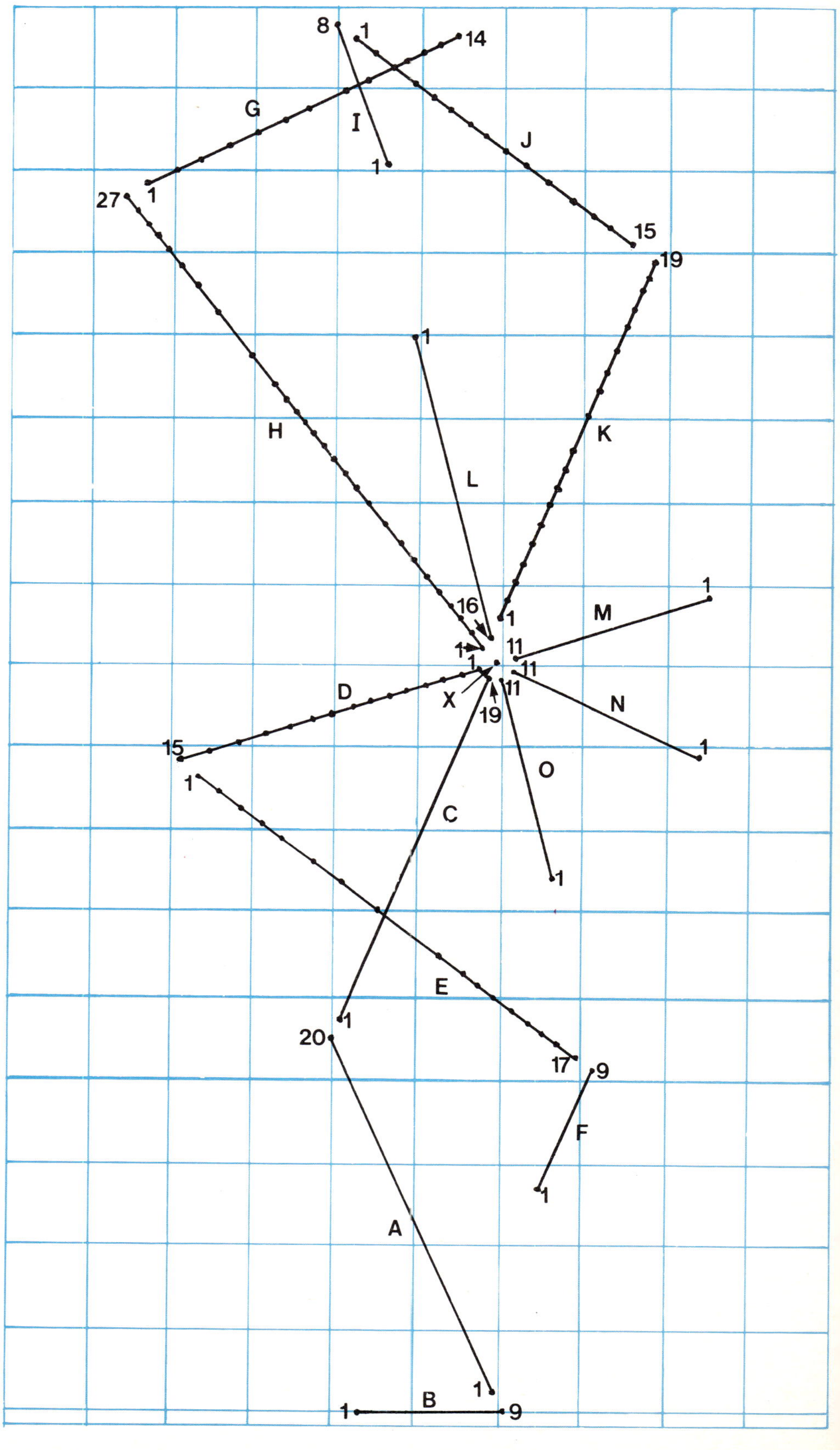

13
ACROBATE

Matériel. Contre-plaqué ou aggloméré (457 x 279 x 13 mm) ; grosse toile (533 x 356 mm) ; papier quadrillé ; 218 clous de 13 mm ; 2 douzaines de semences de tapissier ; 2 pelotes de fil de couleur.

Patron. Faites l'agrandissement du schéma sur du papier quadrillé.

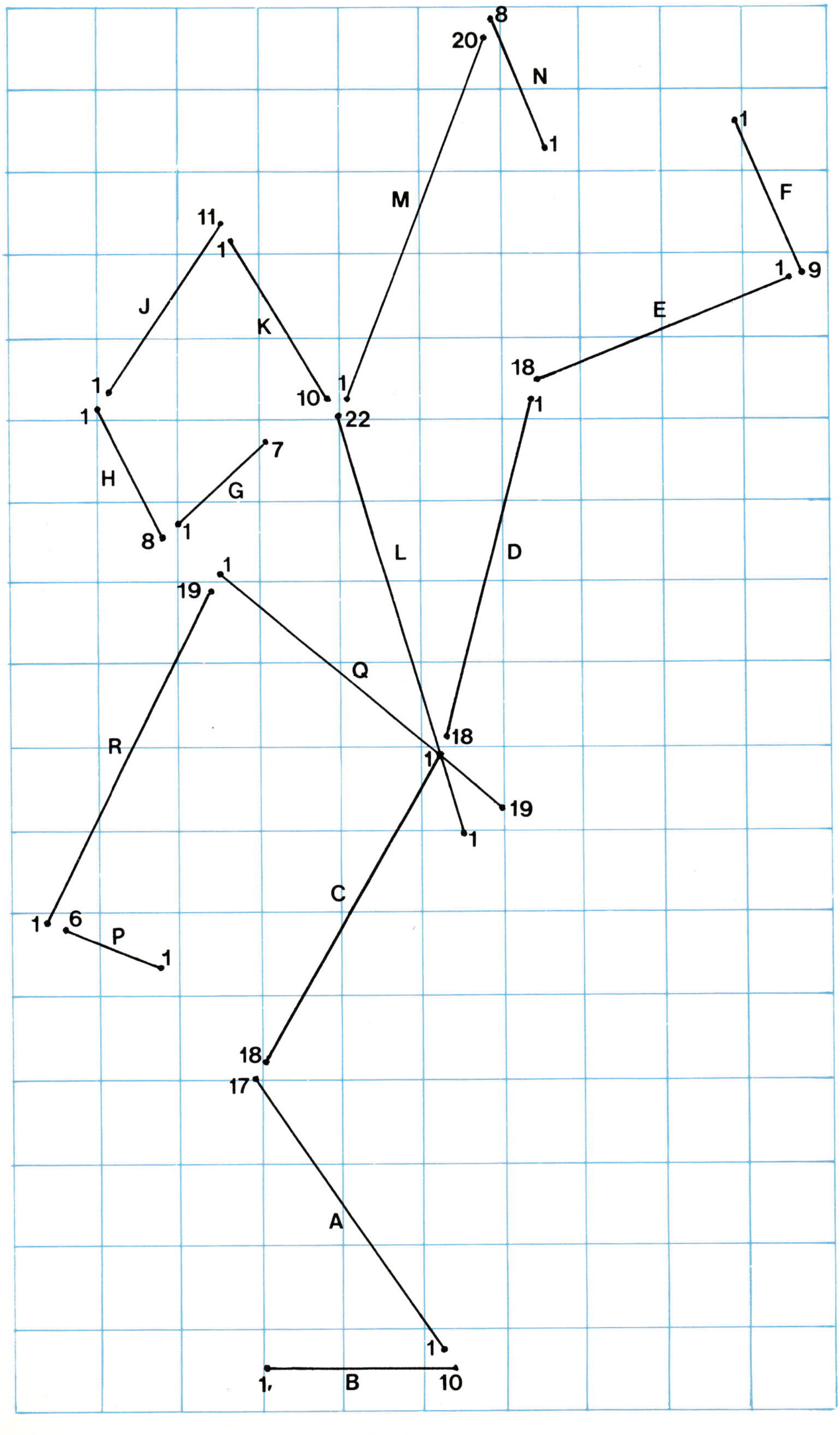

Marquez d'un point l'emplacement des clous sur les rangées A1-A17, B1-B10, etc. L'espace entre les clous est toujours égal.

Support. Voir l'introduction.

Pointes. Fixez le patron sur l'endroit du support avec quelques punaises. Enfoncez les clous à travers le papier, puis enlevez soigneusement le patron.

Fils. Attachez le fil en A1, allez vers B1, B1-A2, A2-A3, A3-B2, B2-B3, B3-A4, A4-A5, A5-B4, B4-B5, et ainsi de suite jusqu'à A11. De là, passez le fil en A10 et, par dessous la rangée A, vers A1. Tournez le fil autour de A1, puis B10, B10-C18, C18-C17, C17-A1, A1-A2, A2-C16, C16-C15, C15-A3, A3-A4, A4-C14, C14-C13, etc. jusqu'à C1. Passez le fil en D18, D18-E17, E17-E16, E16-D17, D17-D16, D16-E15, E15-E14, etc. jusqu'à D2. De là, vers E1, E1-F9, F9-D1, D1-E18, E18-E1. De là, amenez le fil en F1, F1-E2, E2-E3, E3-F2, F2-F3, F3-E4, E4-E5, et ainsi de suite jusqu'à E10 et arrêtez le fil. Nouez un nouveau fil en H17, allez en G7, G7-G6, G6-H6, H6-H5, H5-G5, G5-G4, G4-H4, H4-H3, H3-G3, G3-G2, G2-H2, H2-H1, H1-G1, G1-H8, H8-H1, H1-J1, J1-K1, K1-K2, K2-J2, J2-J3 et ainsi de suite jusqu'à J11. De là, tournez le fil autour de L22, passez sur M1, M1-L1, L1-L2, L2-M2, M2-M3, M3-L3, L3-L4, etc, jusqu'à L22. De là, faites passer le fil en M20, M20-N1, N1-M19, M19-M18, M18-N2, N2-N3, N3-M17, M17-M16, M16-N4, N4-N5, N5-M15, M15-M14, M14-N6, N6-N7, N7-M13, M13-M12, M12-N8 et arrêtez le fil. Attachez un fil en R2, passez en P1, P1-R3, R3-R4, R4-P2, P2-P3, P3-R5, R5-R6, etc. jusqu'à P6. De là, passez le fil en R1, R1-Q2, Q2-Q3, Q3-R2, R2-R3, R3-Q4, etc. jusqu'à R19. De là, passez en Q18, Q18-Q1, Q1-Q17, Q17-Q15 (qui est aussi C1 et L5) et arrêtez le fil. Attachez un fil d'une nouvelle couleur en L6, L6-Q1, Q1-Q2, Q2-L7, L7-L8, L8-Q3, Q3-Q4, Q4-L9, etc. jusqu'à L20. Revenez ensuite en L1 et arrêtez le fil.

14
VIE DE L'ÉTANG

Matériel. Contre-plaqué ou aggloméré (686 x 381 x 13 mm) ; grosse toile (762 x 457 mm) ; papier quadrillé ; 212 clous de 13 mm ; 136 clous de 19 mm ; 3 pelotes de fils de différentes couleurs.

Patron. Tracez sur le papier quadrillé le patron grandeur naturelle. Sur chaque rangée, l'espace entre les clous est égal.

Support. Voir l'introduction.

Pointes. Fixez le patron sur le support avec des punaises. Pour le plus grand des poissons, prenez des clous de 19 mm les laissant dépasser de 13 mm. Pour les deux autres poissons, prenez des clous de 13 mm et laissez-les dépasser respectivement de 10 et de 6 mm. Dans le schéma, le cercle entourant l'intersection de deux lignes indique qu'un clou est commun à 2 poissons.

Fils. Attachez le fil en A1, puis passez-le en B13, B13-B12, B12-A2, A2-A3, A3-B11, B11-B10, B10-A4, et ainsi de suite jusqu'en B3. De là, passez-le autour de B1, B1-C1, C1-C2, C2-B2, B2-B3, B3-C3, C3-C4, etc. jusqu'en C25 ; arrêtez le fil. Attachez un fil en D25 et passez le fil en A25, A25-A24, A24-D24, D24-D23, D23-A23, etc. jusqu'en A1. Faites passer le fil en A5 et arrêtez-le. Attachez un fil en D7 et passez-le en C31, C31-C30, C30-D8, D8-D9, D9-C29, etc. jusqu'en C7 et arrêtez-le. Faites le second poisson de la même manière en utilisant des fils d'autres couleurs. Lorsque vous attachez le fil (pour le second poisson) pour la première fois, faites-le en A1 et arrêtez-le en C23; pour la deuxieme fois, attachez en D23 et arrêtez le fil en A5 ; pour la troisième fois, attachez en D8 et arrêtez en C8. Pour le troisième poisson, la première fois attachez en A1, arrêtez en C31 ; la deuxième fois, attachez en D32, arrêtez en A5 ; la troisième fois, attachez en D14 et arrêtez le fil en C14.

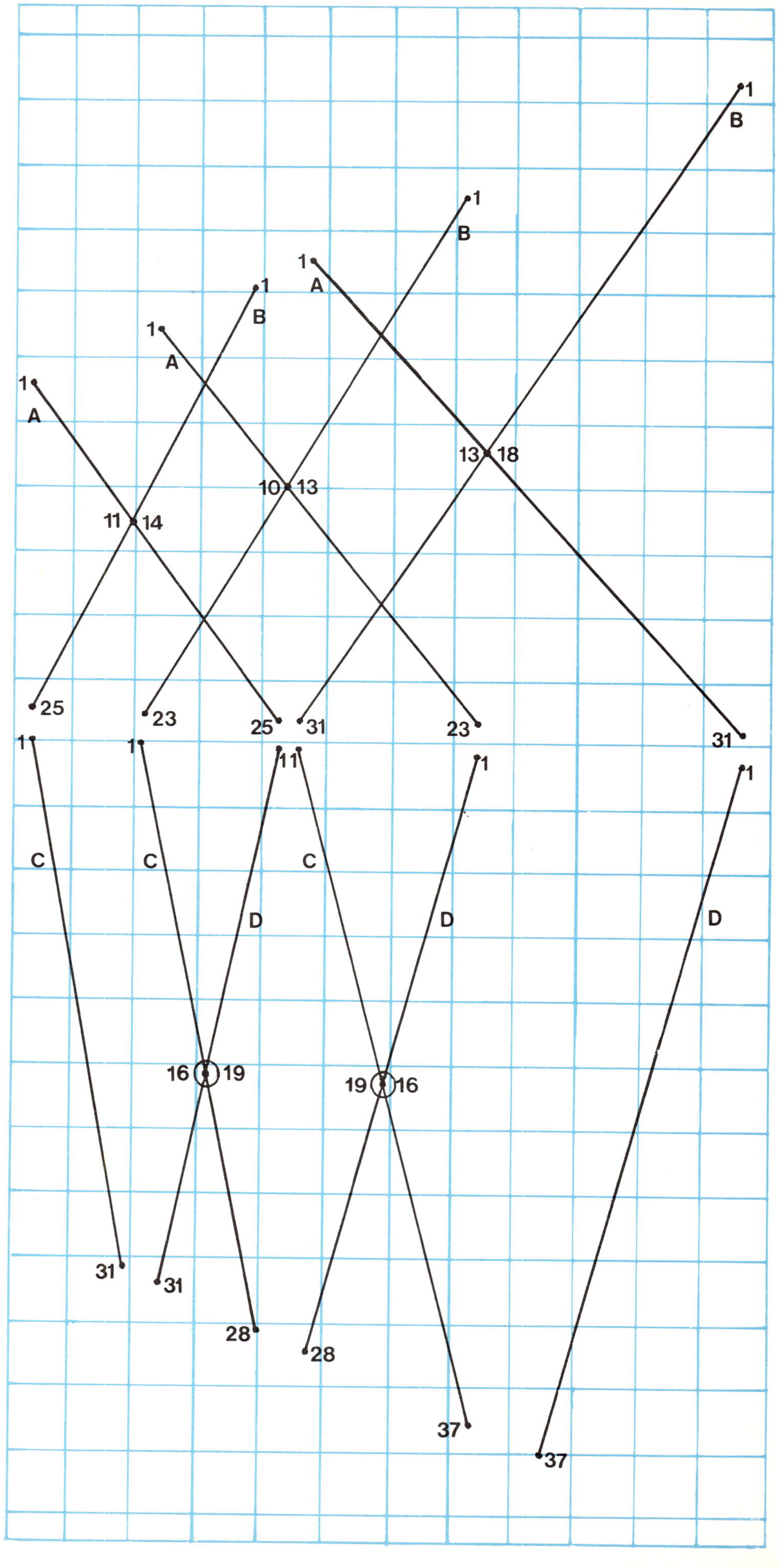

15
SOLEILS

Matériel. Contre-plaqué ou aggloméré (483 x 483 x 13 mm) ; feutrine (534 x 534 mm) ; papier quadrillé ; 720 pointes ; colle transparente ; pelote de fil rouge, une bleu turquoise et une vert émeraude.

Patron. Agrandissez le schéma sur le papier quadrillé. Tracez 3 cercles de 95 mm de rayon dont les circonférences se touchent. A partir du centre, tracez un grand cercle de 203 mm de rayon autour des 3 plus petits, pour faire les queues des soleils du feu d'artifice. Tous les clous sont espacés également sur chaque rangée.

Support. Voir l'introduction.

Pointes. Fixez le patron sur le support avec quelques punaises. Enfoncez les clous à travers le papier, puis enlevez soigneusement le patron.

Fils. Attachez le fil à chaque point A1 et faites-le passer sur B1 de chaque arc de cercle correspondant, puis B2 - A2, A2 - A3, A3 - B3, B3 - B4, B4 - A4, etc. Continuez dans cet ordre jusqu'en B24 où vous arrêtez le fil. Faites de la même manière les onze autres segments marqués AB. Attachez le fil en C1 sur un cercle et passez à D1 sur l'arc correspondant du grand cercle, puis D1 - D2, D2 - C2, C2 - C3, C3 - D3, D3 - D4, etc. Faites les deux autres parties marquées CD pour achever le tableau. Mettez un point de colle sur chaque nœud.

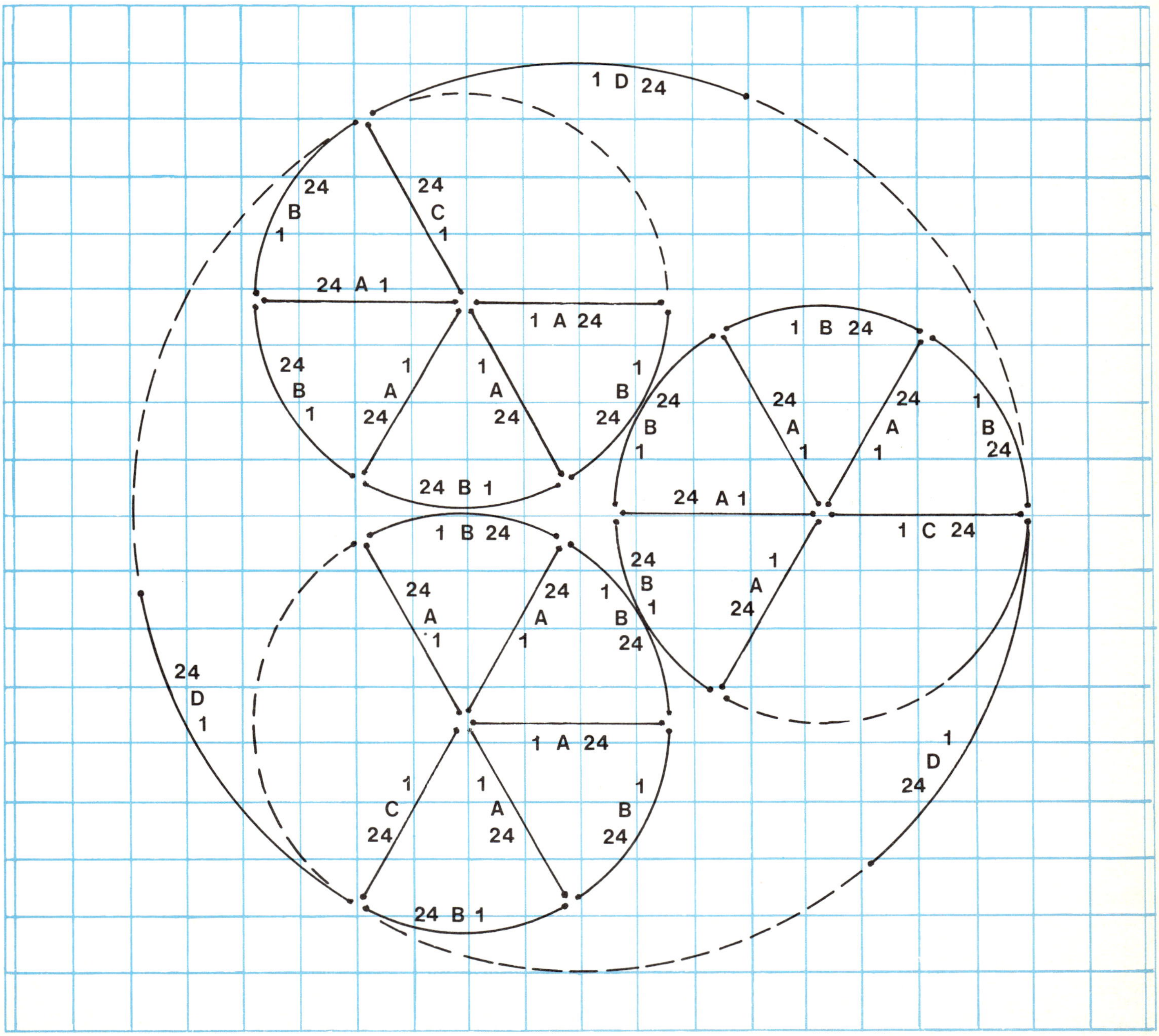

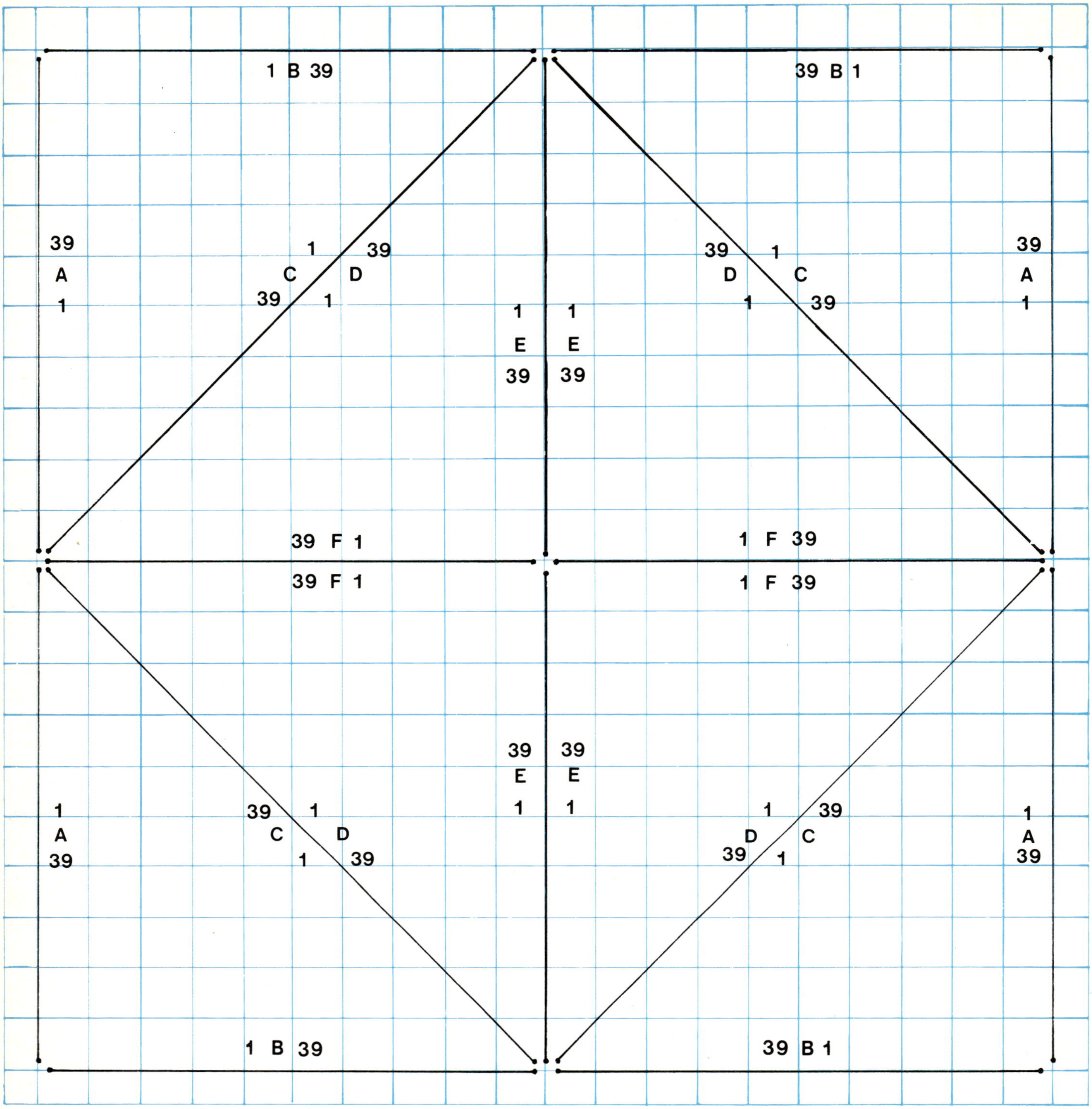

16 ÉCLAT DE LUMIÈRE

Matériel. Contre-plaqué ou aggloméré (584 x 584 x 13 mm) ; feutrine (635 x 635 mm) ; papier quadrillé ; 624 pointes ; peinture noire mate ; colle transparente ; 2 bobines de coton.

Patron. Agrandissez ce schéma et tracez le patron grandeur naturelle. Marquez d'un point l'emplacement de chaque clou. Il est important que les espaces entre les clous d'une même rangée soient strictement égaux.

Support. Voir l'introduction.

Pointes. Fixez le patron sur le support avec quelques punaises. Enfoncez les clous à travers le papier, puis enlever soigneusement le patron. Peignez les clous avec un peu de peinture noire mate. Laissez sécher.

Fils. Le tableau est composé de 8 triangles réalisés séparément. Attachez chaque fois le fil en A1, puis faites-le passer autour de B1, puis C1. Faites ensuite C1-A2, A2-B2 du même triangle et continuez ainsi jusqu'en C39 où vous arrêtez le fil. Faites de la même manière les 3 autres triangles extérieurs. Attachez ensuite le fil à chaque point D1, passez le fil en E1 dans le même triangle, puis E1-F1, F1-D2, D2-E2, E2-F2, F2-D3, etc. Continuez ainsi jusqu'en F39 et arrêtez là le fil. Faites de la même manière les 3 autres triangles. Placez un point de colle sur chaque nœud pour qu'il ne bouge pas.

9
CABRIOLET LUNAIRE

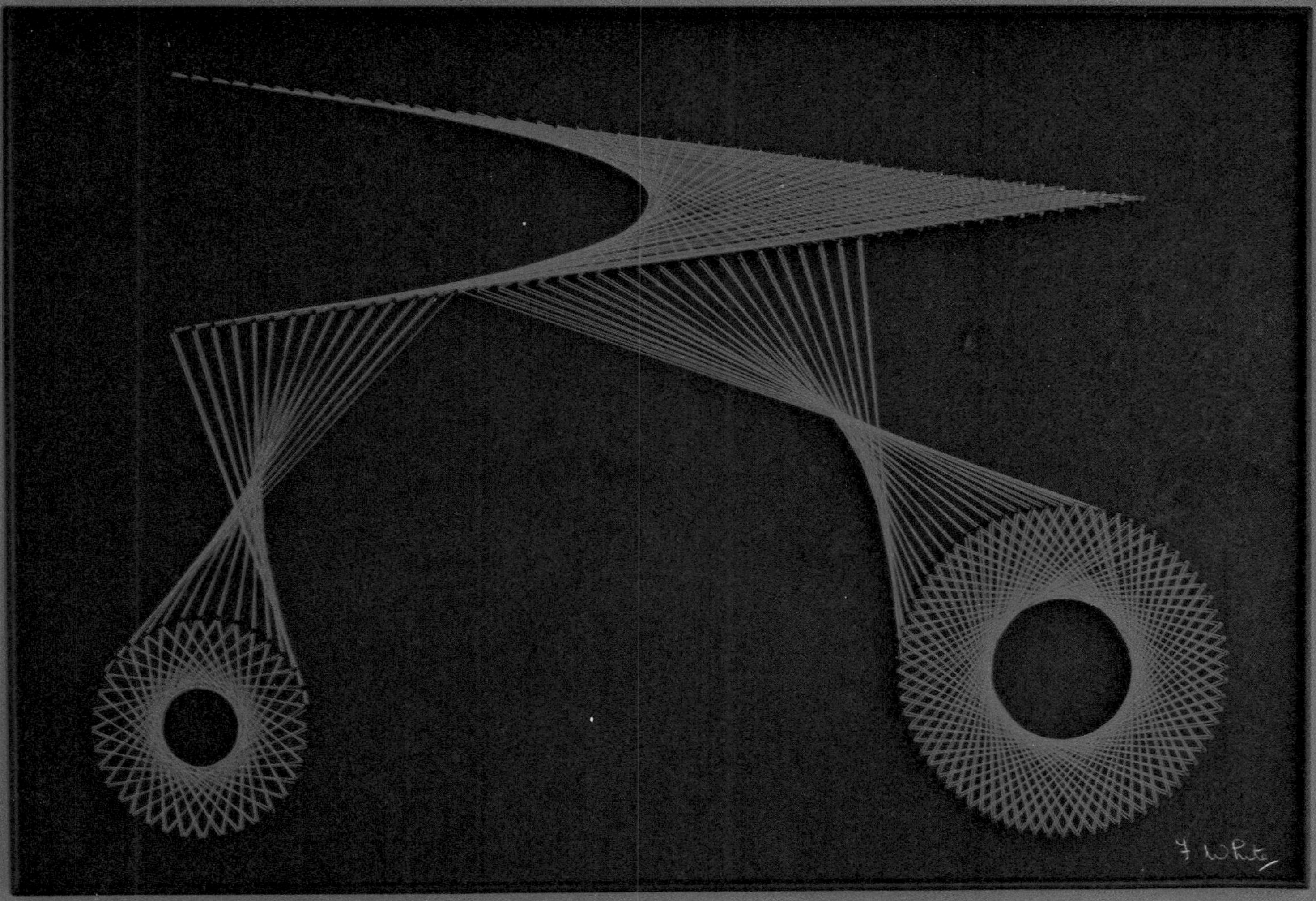

10

PASSANT

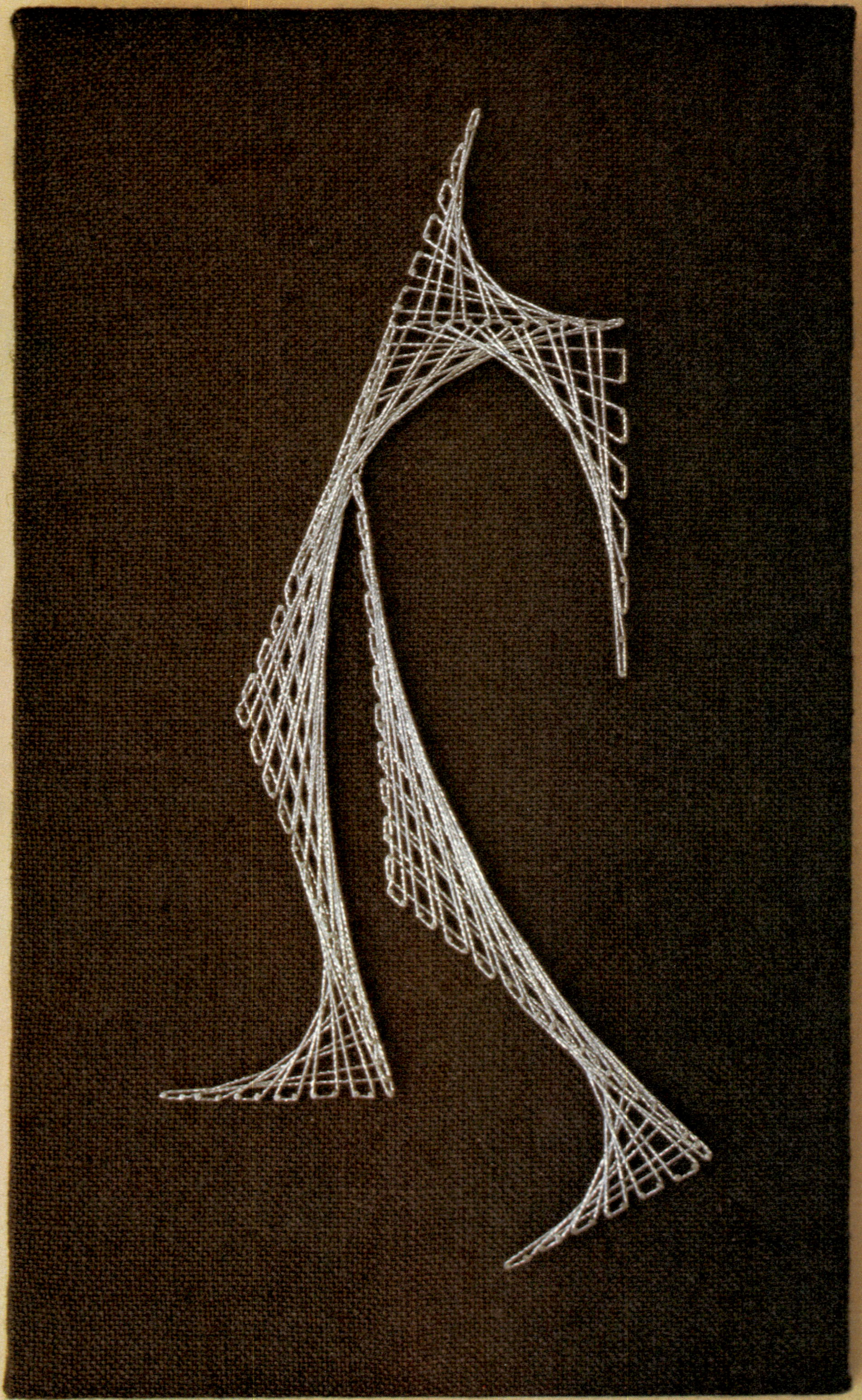

11
ENFANT AU BALLON

12

BALLERINE

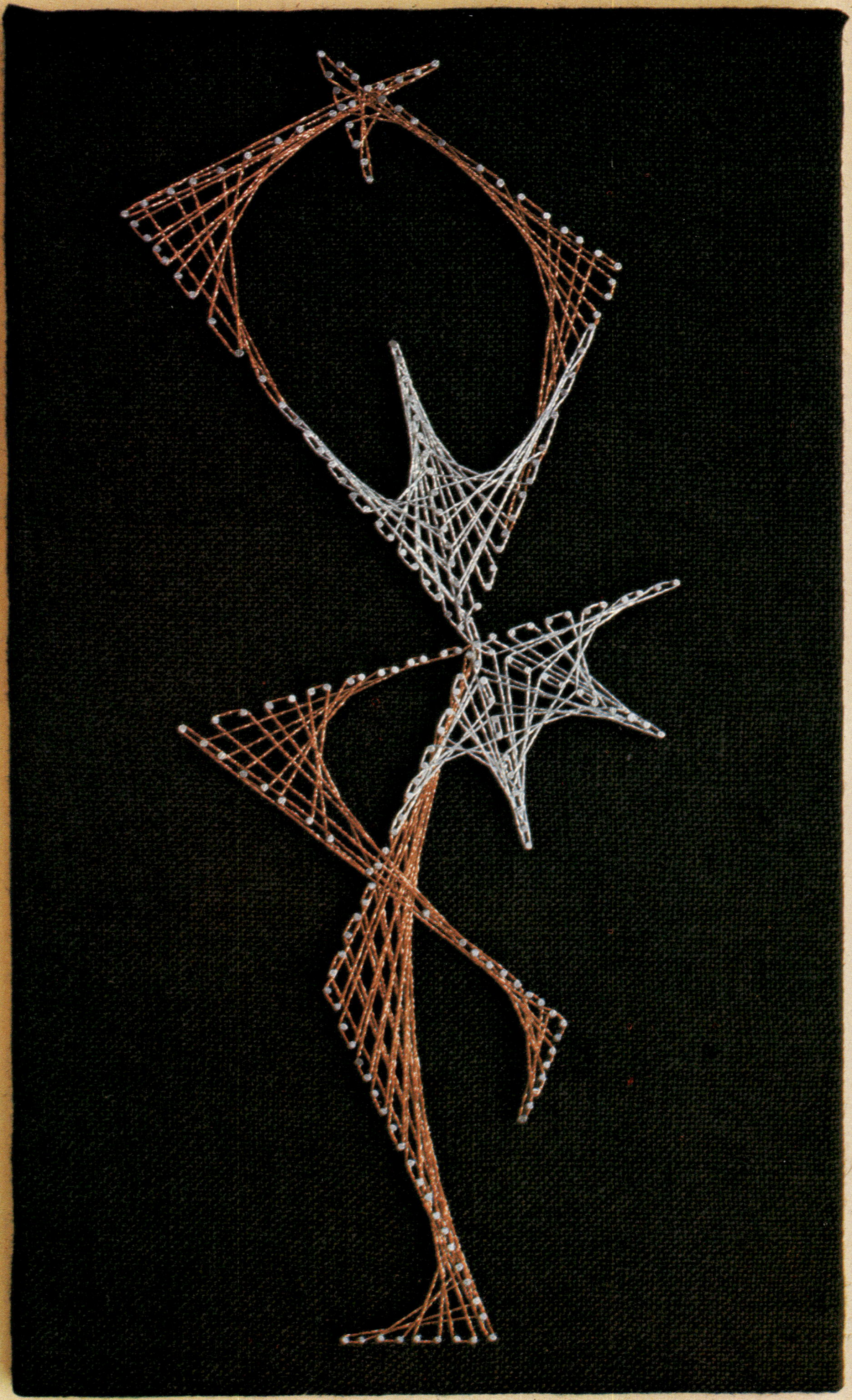

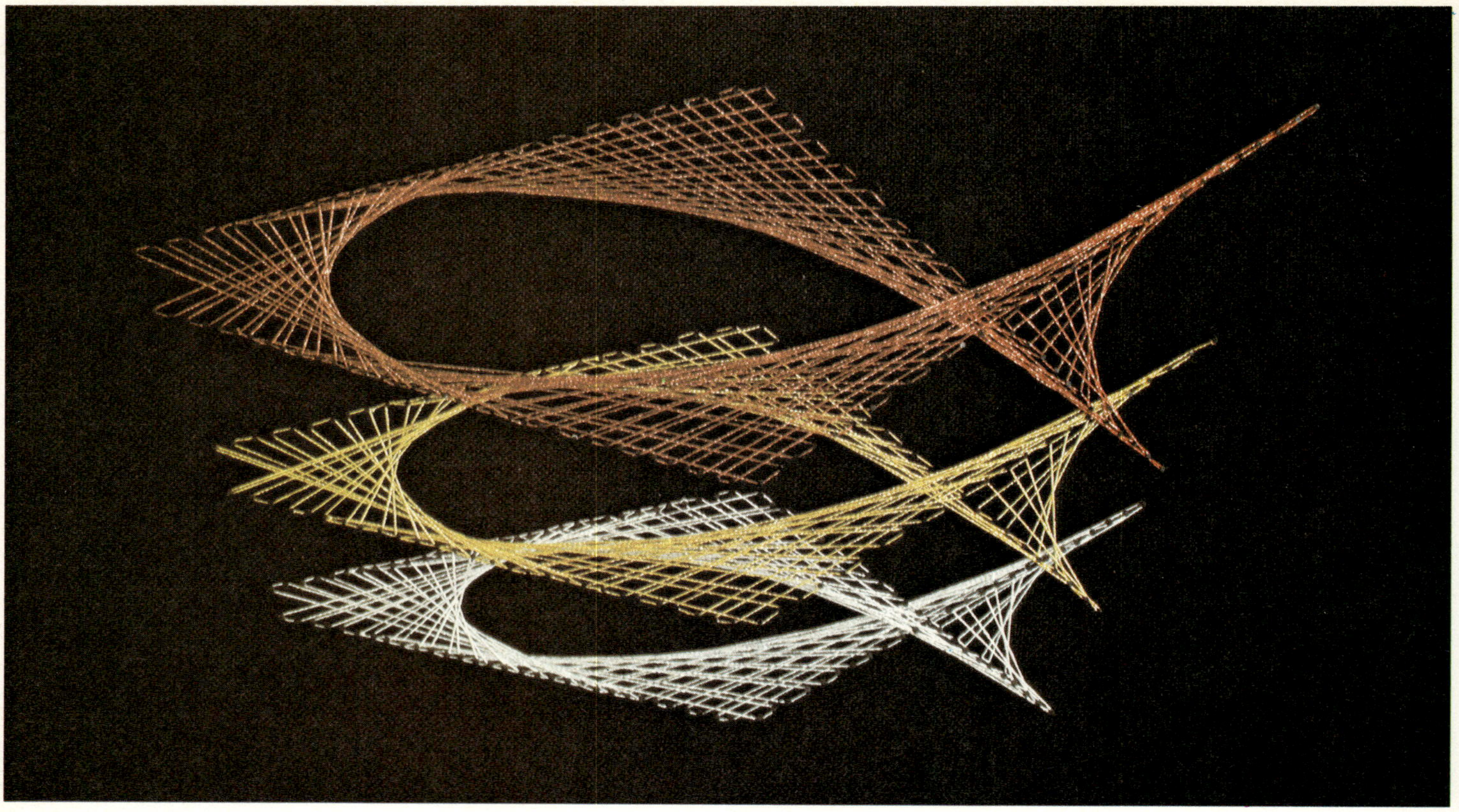

14 VIE DE L'ÉTANG

15 SOLEILS

17
VERRES A PIED

16
ÉCLAT DE LUMIÈRE

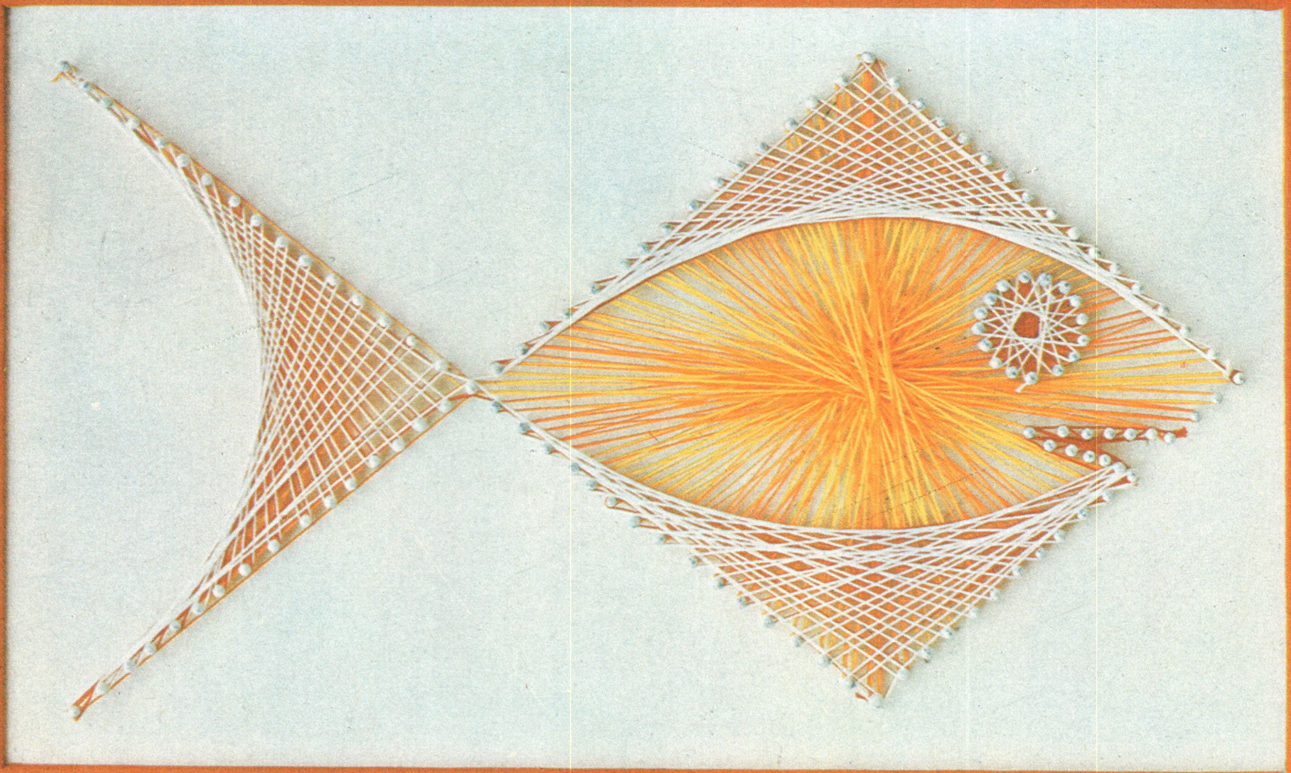

18
POISSON ROUGE

19
PIC POLAIRE

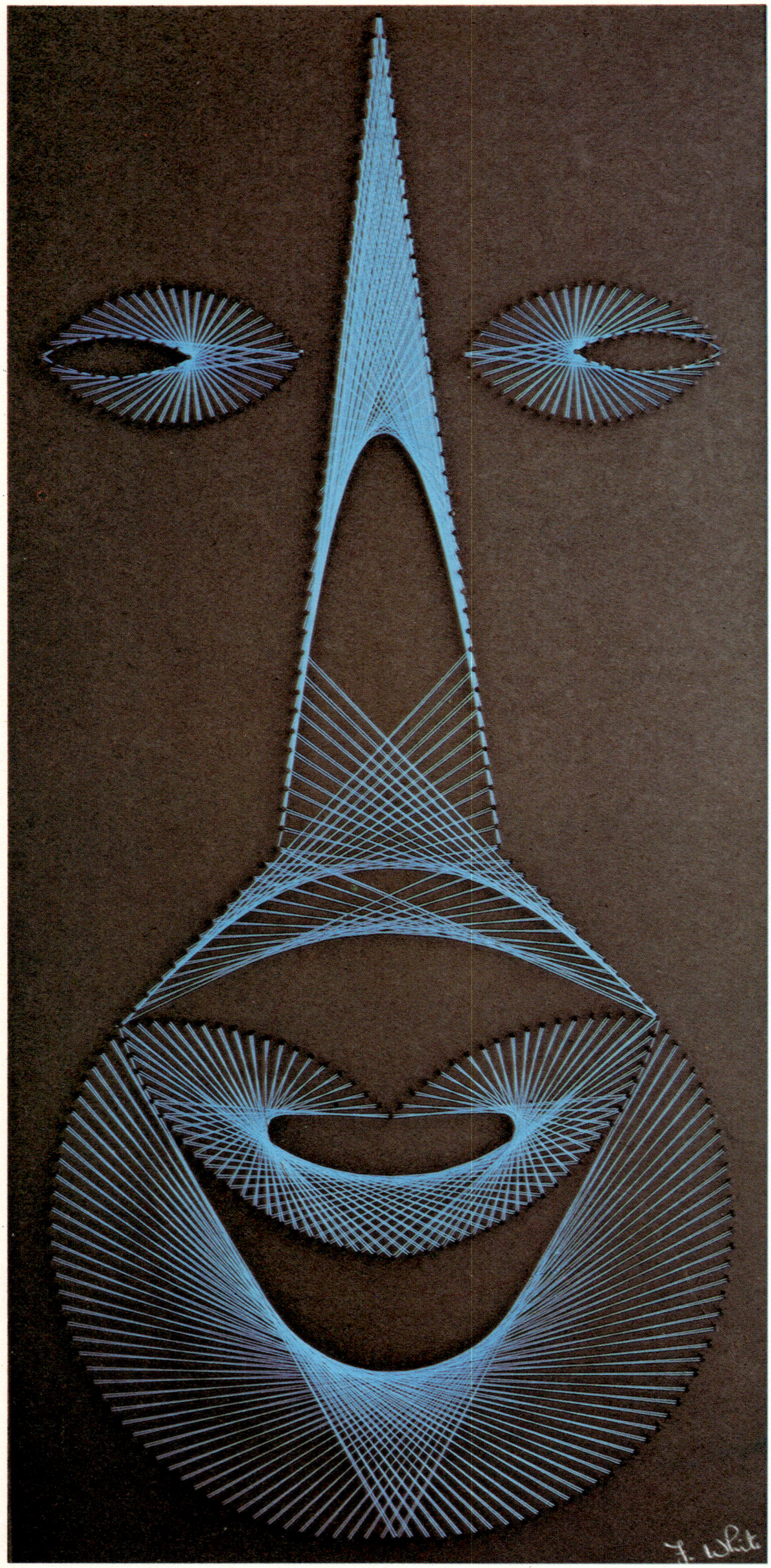

20
MASQUE RITUEL

21
PAPILLON

22
GRAND VASE

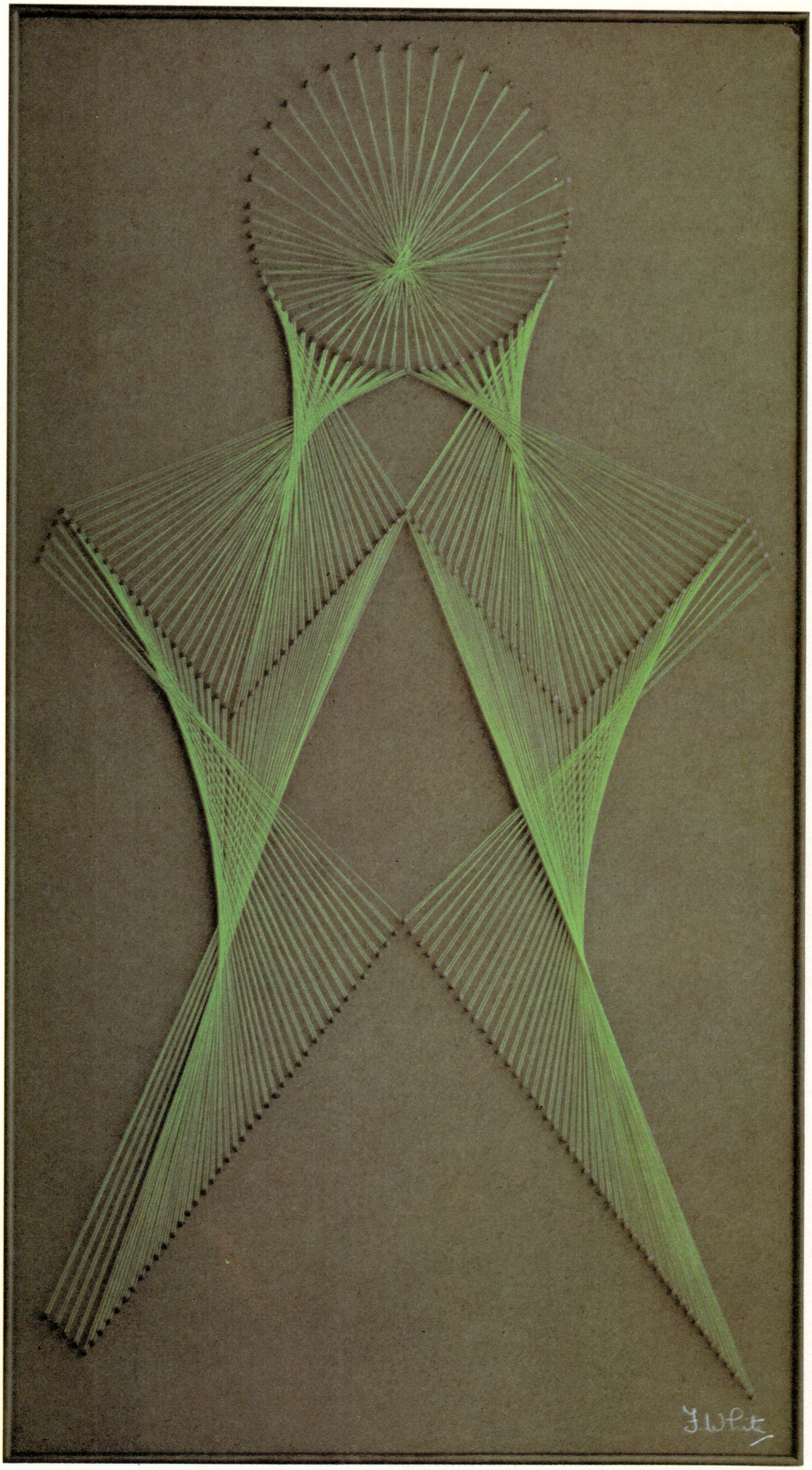

23
HOMME DE L'ESPACE

24
FLOCON DE NEIGE

17 VERRES A PIED

Matériel. Contre-plaqué ou aggloméré (406 x 508 x 13 mm) ; peinture noire mate ; pinceau ; papier quadrillé ; 402 clous de 13 mm ; fil doré et argenté.

Patron. Agrandissez le schéma sur du papier quadrillé. Marquez d'un point l'emplacement de chaque clou. Les espaces entre les clous sont égaux sur chaque rangée, sauf indications contraires.

Support. Peignez le support en noir mat et laissez sécher.

Pointes. Fixez le patron sur le support avec quelques punaises. Enfoncez les clous à travers le papier. Enlevez ensuite le patron soigneusement.

Fils. Attachez le fil d'or au clou a et tendez-le entre a-b, b-c, c-d, d-e et ainsi de suite pour faire tout le pourtour du plateau. Attachez maintenant le fil en X1, passez-le en X12, X12-X23, X23-X10, X10-X21, X21-X8, etc. jusqu'à ce que vous soyez revenu en X1. Faites-le passer en Y12 et achevez cette partie de la manière précédente. En partant des 3 autres points X, achevez de la même manière le bord du plateau. Attachez le fil d'argent en A1 et faites A1-A9, A9-A16, A16-A8, A8-A15, etc. jusqu'à A10. De là, passez en C9, C9-C10 ; de C10, faites passer le fil à l'intérieur de la rangée de clous jusqu'en B7, en travers de B6, autour de B5 et redescendez contre la rangée de clous vers C9, C9-C8, C8-C7, C7-C6, C6-C5, C5-C4, C4-C3, C3-C2, C2-C1, C1-B7, B7-B5, B5-C2, C2-C1, C1-C4, C4-C3, C3-C6, C6-C5, C5-C8, C8-C7, C7-C10, C10-C9. Refaites le même pied de verre de la même façon, mais en passant le fil de l'autre côté du clou. Attachez le fil en D1, passez en D9, D9-D18, D18-D8, etc. jusqu'en D10. De là, faites revenir le fil en D1, D1-B1, B1-D18, D18-B2, B2-D17, D17-B3, B3-D16, D16-B4, B4-D15, D15-B5, B5-D14, D14-B7, B7-D13, etc. jusqu'en D10. De là, passez en B1, B1-D11, D11-B2, B2-D12, et ainsi de suite, mais en sautant B6. Arrêtez le fil en B11. Faites de même les deux autres verres.

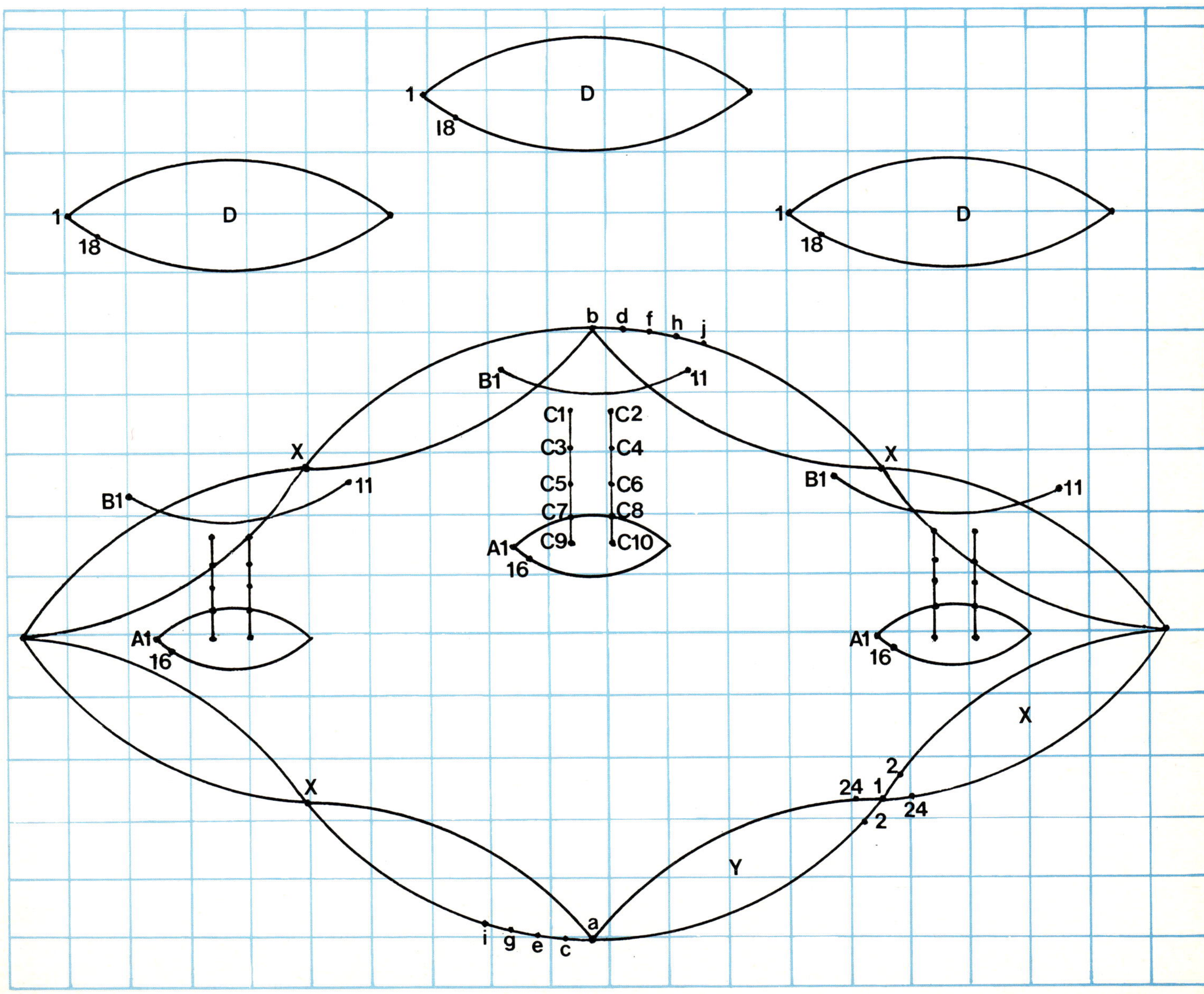

18
POISSON ROUGE

Matériel. Contre-plaqué ou aggloméré (610 x 356 x 13 mm) ; peinture blanche ; pinceau ; papier quadrillé ; 222 clous de 13 mm ; fil rouge, fil orange et fil blanc.

Patron. Agrandissez le schéma et marquez d'un point sur le patron à l'échelle réelle l'emplacement de chaque clou. Espaces égaux entre les clous sur toutes les rangées.

Support. Voir l'introduction.

Pointes. Fixez le patron sur le support avec quelques punaises. Enfoncez les clous à travers le papier. Enlevez ensuite le patron soigneusement.

Fils. Attachez un fil orange en A1 et passez-le en A65, A65-A2, A2-A66, et ainsi de suite, en utilisant le clou B12 entre A87 et A88. Arrêtez le fil quand vous revenez en A1. Attachez le fil rouge en A87 et passez-le en B12, B12-A88, A88-B11, B11-B23, B23-B10, B10-B22, B22-B9, et ainsi de suite. Arrêtez en A87. Attachez de nouveau du fil rouge en A94 et passez-le en A1, A1-A95, A95-A2, A2-A96, etc. jusqu'en A33. De là, passez en A65, A65-A34, A34-A66, etc. jusqu'en A87 où vous arrêtez le fil. Refaites le même circuit avec du coton blanc. Attachez un fil rouge en C1 et faites C1-C17, C17-C2, C2-C18, etc. ; arrêtez le fil en C1. Attachez de nouveau un fil blanc en C17, C17-C32, C32-C15, C15-C30, C30-C13, etc. ; arrêtez le fil en C17. Attachez un fil orange en D1 et passez-le en D33, D33-D2, D2-D34, et ainsi de suite ; arrêtez le fil en D65. Attachez de nouveau un fil rouge en D65 et passez-le en D33, D33-D64, D64-D32, etc. ; arrêtez le fil en D1. Attachez un fil blanc en D1 et reprenez la même séquence que la précédente concernant le fil orange.

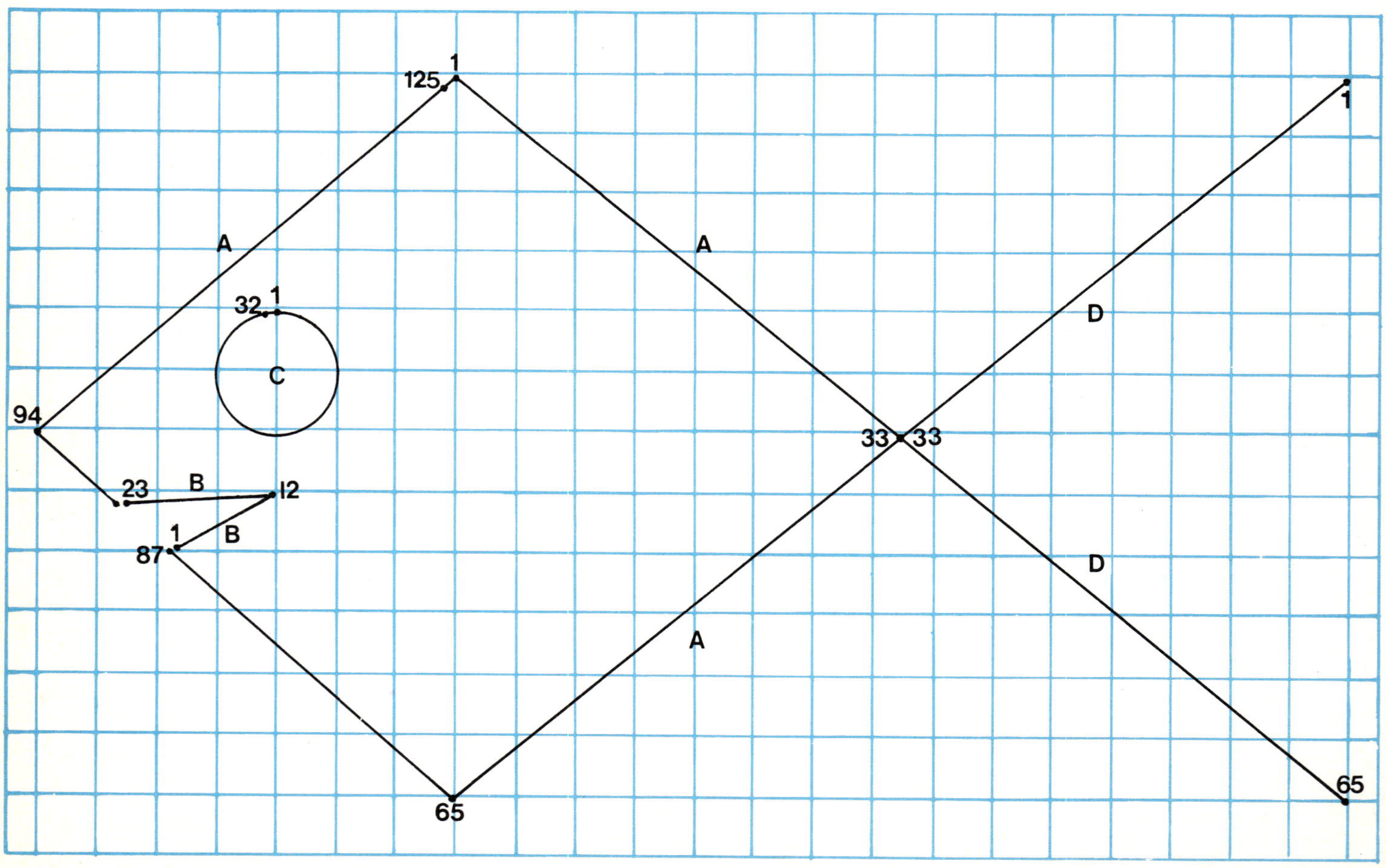

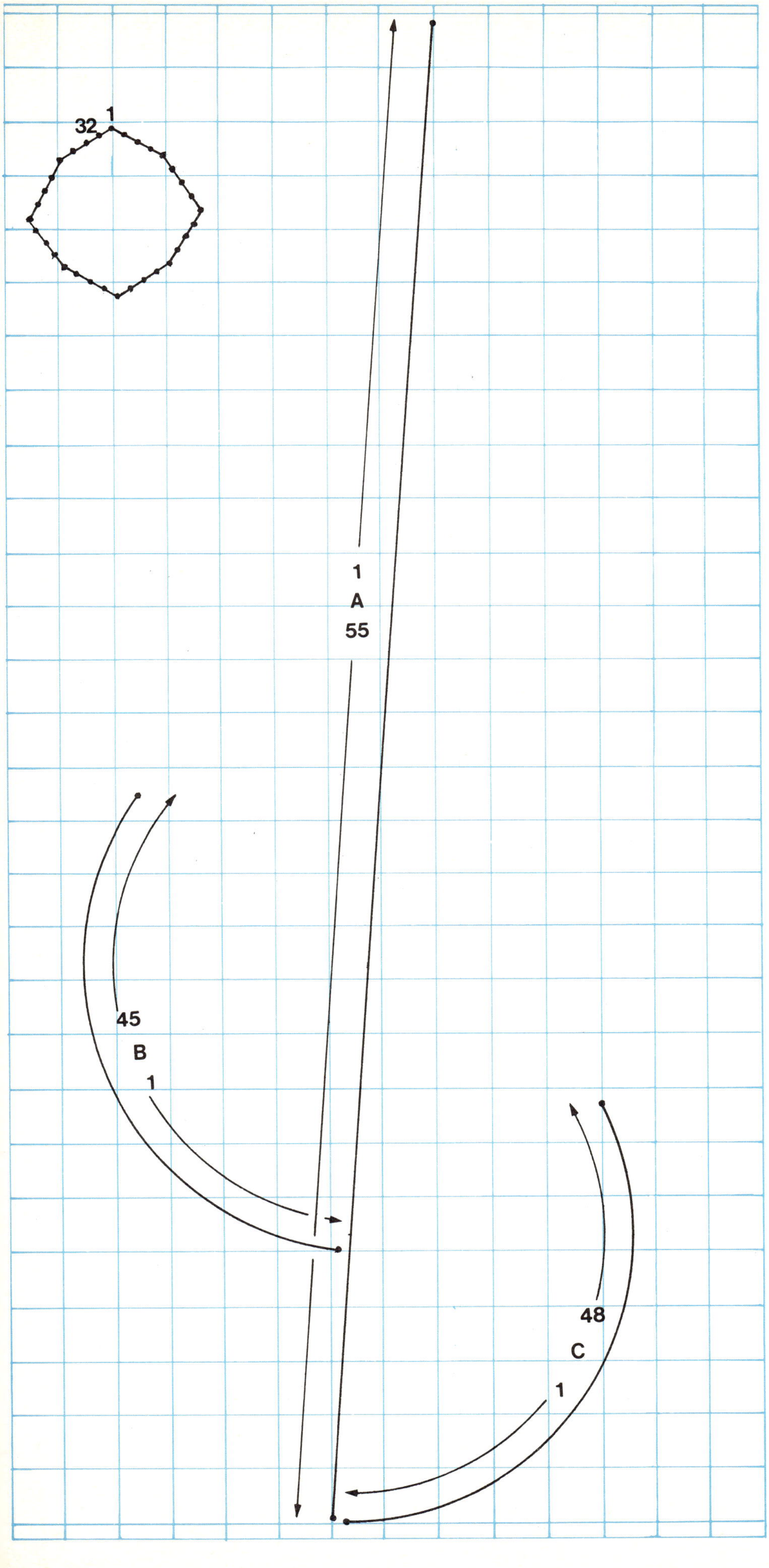

19
PIC POLAIRE

Matériel. Contre-plaqué ou aggloméré (762 x 305 x 13 mm) ; plaque de liège aux mêmes dimensions, éventuellement peinte avec une peinture émulsion ; papier quadrillé ; 180 pointes ; bobine de fil bleu clair ; colle transparente pour liège.

Patron. Tracez le patron grandeur naturelle sur le papier. Marquez d'un point l'emplacement de chaque clou. Il est important que l'espace entre les clous d'une rangée soit égal pour obtenir un motif régulier.

Support. Collez la plaque de liège sur le support.

Pointes. Fixez le patron sur le support avec quelques punaises. Enfoncez les clous à travers le papier, puis enlevez le patron.

Fils. Attachez le fil en A1 et faites-le passer en B1, B1-B2 (voir schéma), B2-A2, A2-A3, A3-B3, etc. Continuez dans cet ordre jusqu'en B7, passez en B8, B8-A8, A8-C1, C1-C2, C2-A9, A9-B9, B9-B10, B10-A10, A10-C3, C3-C4, C4-A11, A11-B11, B11-B12, B12-A12, etc. Continuez ainsi jusqu'en B45 et arrêtez le fil. Attachez un fil en A46 et passez en C39, C39-C40, C40-A47, A47-A48, A48-C41, C41-C42, C42-A49, etc. Arrêtez le fil en A55.
Le cercle n'est pas tendu de fil de manière continue. Attachez le fil au clou 1, contournez le clou 9, puis 17, puis 25 et revenez au clou 1 où vous arrêtez le fil. Attachez ensuite le fil en 2, contournez le clou 10, puis 18, 26 et revenez au clou 2 où vous arrêtez le fil. Continuez à faire des carrés de cette manière pour achever le cercle. Mettez un point de colle sur chaque nœud pour le consolider.

20 MASQUE RITUEL

Matériel. Contre-plaqué ou aggloméré (787 x 381 x 13 mm) ; peinture noire mate ; pinceau ; papier quadrillé ; 407 clous de 19 mm ; pelote de fil bleu.

Patron. Faites l'agrandissement du schéma sur le papier quadrillé. Marquez d'un point l'emplacement de chaque clou. L'espace entre les clous d'une même rangée est égal.

Support. Peignez le support en noir mat et laisser sécher.

Pointes. Fixez le patron sur le support avec quelques punaises dans les coins. Enfoncez les clous à travers le papier, puis enlevez soigneusement le patron.

Fils. Attachez le fil en A43 et tendez-le jusqu'en A1 à gauche de la rangée des clous A, puis faites A1-B1, B1-A2, A2-B2, B2-A3, et ainsi de suite jusqu'en B42 (qui est aussi C1). De C1, passez en D1, puis D1-C2, C2-D2, etc. jusqu'en C13. De là, passez le fil en A11, A11-C12, C12-A10, etc. jusqu'en D1 (qui est aussi E1). De là, passez le fil en E24, E24-E2, E2-E25, etc jusqu'en E65. De E65, passez le fil en E6, E6-E66, E66-E7 jusqu'en E1 (qui est aussi F1). De F1, passez le fil en F46, F46-F2, F2-F47, et ainsi de suite jusqu'en F91 (qui est aussi C13 et E47). Pour faire les yeux, attachez le fil en G1 et passez le fil au-dessus de la petite rangée de clous située à l'intérieur de l'œil, jusqu'en G23. Le fil ne doit être enroulé sur aucun clou de cette "pupille". De G23, passez en G2, G2-G24, G24-G3, etc. jusqu'en G1 où vous arrêtez le fil. Faites de la même façon l'autre œil H.

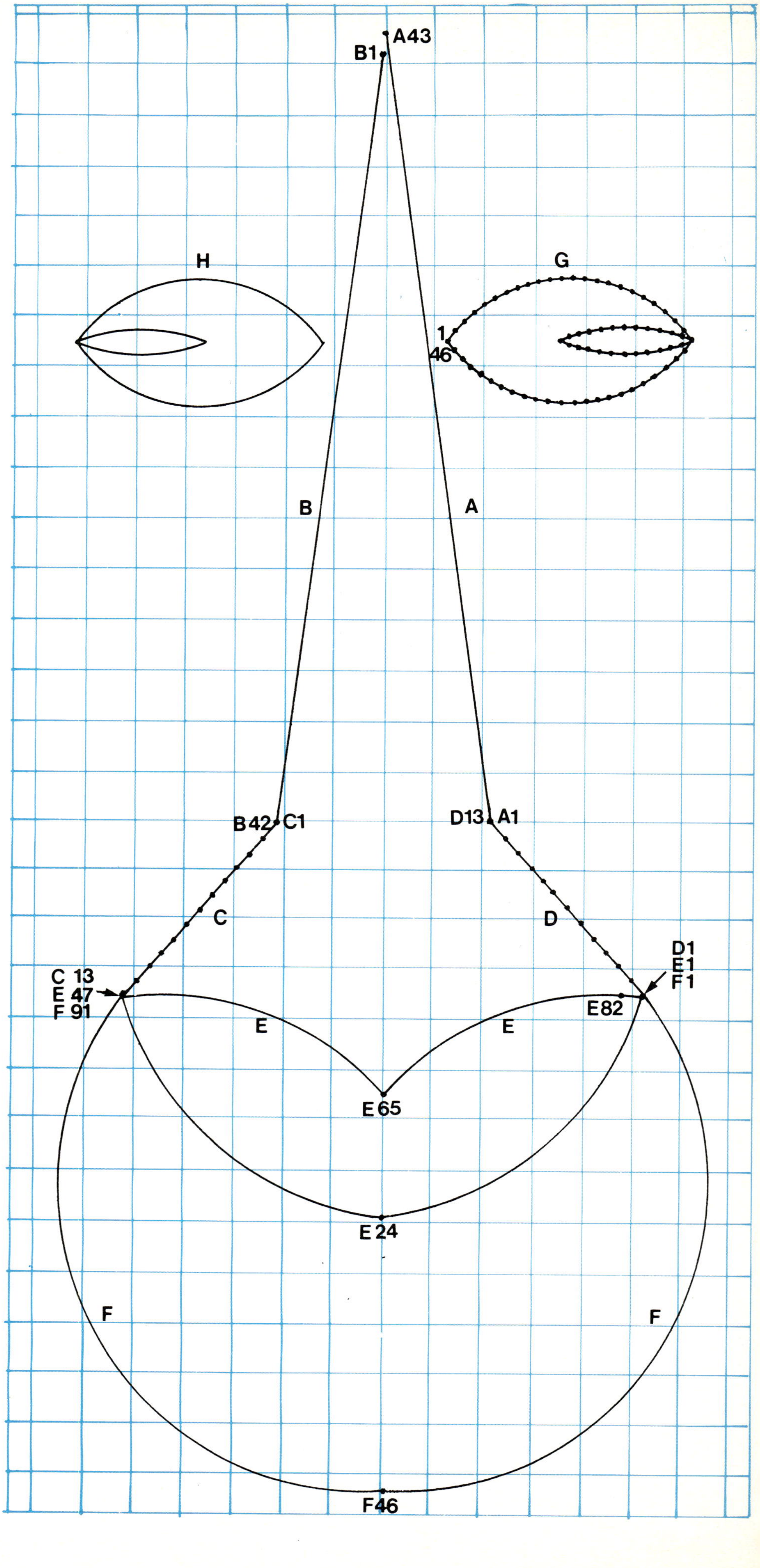

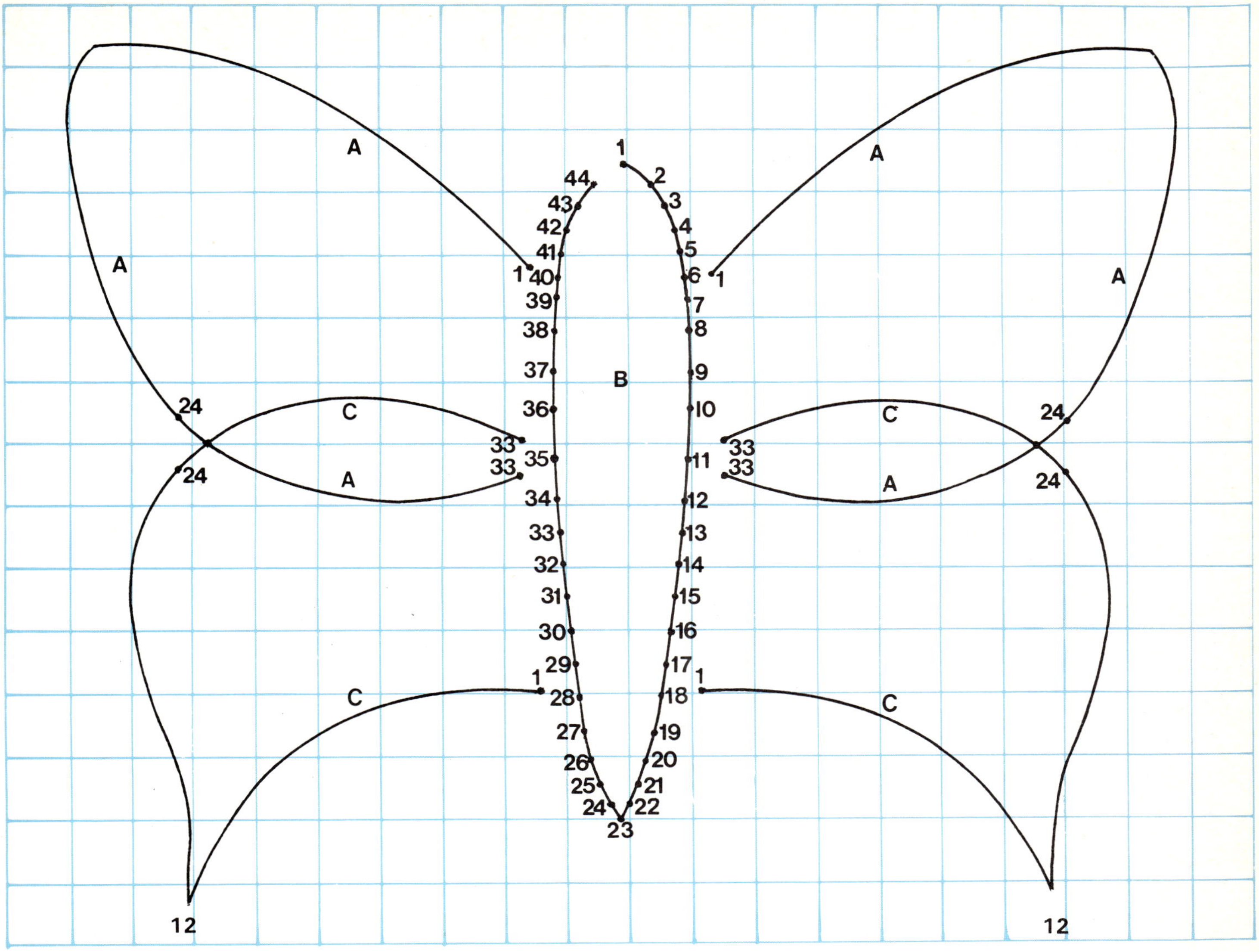

21 PAPILLON

Matériel. Contre-plaqué ou aggloméré (508 x 406 x 13 mm) ; peinture blanche mate ; pinceau ; 174 clous de 13 mm ; papier quadrillé ; fil d'or, fil d'argent, fil bleu, fil blanc.

Patron. Faites le patron grandeur réelle en agrandissant le schéma sur du papier quadrillé. Marquez d'un point l'emplacement de chaque clou. L'espace entre les clous d'une même rangée doit être rigoureusement exact pour toutes les rangées, excepté pour la rangée B où vous devez reproduire les indications du schéma.

Fils. Attachez le fil en B11, puis passez-le en A15, A15-B10, B10-A16, A16-B9, B9-A17, A17-B8, B8-A18, A18-B7, B7-A19, A19-A1, et ainsi de suite jusqu'en A33. De là, passez le fil en C15, C15-B11, B11-C14, C14-C33, C33-C13, C13-C32, C32-C12, C12-C31, etc. tout autour de l'aile jusqu'à ce que vous soyez revenu en B11. Arrêtez le fil. Attachez un fil bleu en B7 puis faites B7-A14, A14-B8, B8-A13, etc. jusqu'en A17. De là, passez en A33, A33-A18, etc. Arrêtez le fil en A28. Attachez un fil bleu en B12, faites B12-C20, C20-B13, B13-C21, etc. jusqu'en C25. De la, passez en C1 et continuez l'aile. Arrêtez le fil quand vous êtes revenu en B12. Attachez un fil blanc en C25 (qui est aussi A25) et passez le fil en B11, B11-C26, C26-A33, A33-C27, etc. jusqu'à C25 où vous arrêtez le fil. Attachez un fil d'or en B18, puis faites B18-C12, C12-C1, C1-C13, C13-C2, etc. jusqu'en C30. De là, passez en A28, A28-A14, A14-A27, A27-A13, A13-A26, etc. jusqu'en B7 où vous arrêtez le fil. Faites la même chose pour l'autre aile du papillon. Attachez à nouveau un fil d'or en B1 et faites B1-B36, B36-B2, B2-B37, etc. jusqu'à B1 où vous arrêtez le fil. Attachez le fil en B23 et faites B23-B34, B34-B22, B22-B33, B33-B21 et ainsi de suite jusqu'en B23. Arrêtez le fil. Attachez un fil en B6 et passez en B39, B39-B8, B8-B37, B37-B10 vers l'aile droite A33, A33 vers l'aile gauche C33, C33-B34, B34-B13, B13-B32, B32-B15, B15-B30, B30-B17, B17-B28, B28-B18 et revenir en sens inverse. Arrêtez le fil en B40. Attachez un fil d'argent en B40 et passez le fil en B17, B17-B39, B39-B16 et ainsi de suite jusqu'en B6. Arrêtez le fil.

22 VASE

Matériel. Contre-plaqué ou aggloméré (686 x 254 x 13 mm) ; grosse toile (762 x 330 mm) ; papier quadrillé ; 139 clous de 13 mm ; 2 douzaines de semences de tapissier ; 2 pelotes de fil de couleur différente.

Patron. Faites l'agrandissement sur papier quadrillé. Marquez d'un point l'emplacement de chaque clou. L'espace entre les clous d'une rangée est égal, sauf indications contraires (A1 - 14; C1 - 14; B1 - 17).

Support. Voir l'introduction.

Pointes. Fixez le patron sur le support avec quelques punaises. Enfoncez les clous à travers le papier, puis enlevez soigneusement le patron.

Fils. Attachez le fil en A1 et faites A1 - B1, B1 - A11, A11 - A12, A12 - B2, B2 - B3, B3 - A13, A13 - B14, B14 - B15, B15 - C13, C13 - B4, B4 - A14, A14 - C14, C14 - B14, B14 - B13, B13 - A8, A8 - C5, C5 - C4, C4 - B8, B8 - A2, A2 - C10, C10 - C11, C11 - B17, B17 - C1, C1 - C2, C2 - A10, A10 - A9, A9 - C3, C3 - B9, B9 - A3, A3 - C9, C9 - C8, C8 - A5, A5 - A4, A4 - B10, B10 - C2, C2 - B10, B10 - B11, B11 - A6, A6 - C7, C7 - B6, B6 - B7, B7 - C6, C6 - A7, A7 - B12, B12 - B16, B16 - C12, C12 - C8, C8 - B5 et arrêtez le fil. Attachez un fil d'une autre couleur en D1 et passez en C27, C27 - C26, C26 - D2, D2 - D3, D3 - C25, C25 - C24, etc. jusqu'en C3. De là, passez le fil autour de C2, puis C1 - B1, B1 - B3, B3 - B2, B2 - B5, B5 - B4, B4 - B7, B7 - B6, etc. jusqu'en B17. De là, passez le fil en F25, F25 - F24, F24 - A2, A2 - A3, A3 - F23, F23 - F22, F22 - A4, A4 - A5, etc. jusqu'en F1, F1 - A26, A26 - A27, retour en F1. Arrêtez le fil. Attachez un fil (de la première couleur) en D19, D19 - G1, G1 - F1, F1 - D18, D18 - D17, D17 - F2, F2 - F3, etc. jusqu'en F19. Arrêtez le fil. Attachez un fil de la même couleur en D10, D10 - G1, G1 - G2, G2 - D9, D9 - D8, D8 - G3, etc. jusqu'en D1. De là, passez le fil autour de E1, puis tendez-le vers F9, F9 - F8, F8 - E2, E2 - E3, et ainsi de suite jusqu'en G1. Arrêtez le fil.

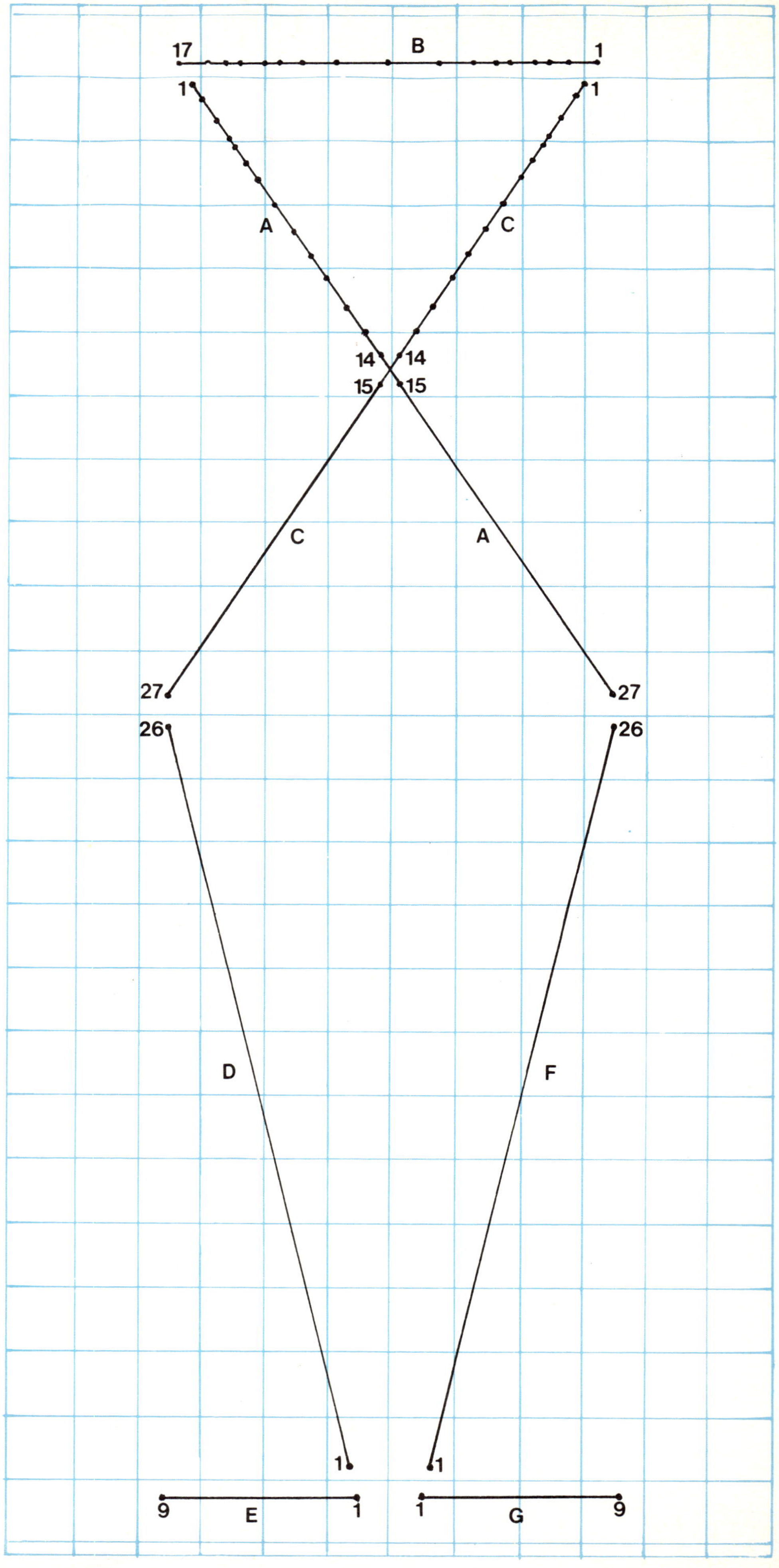

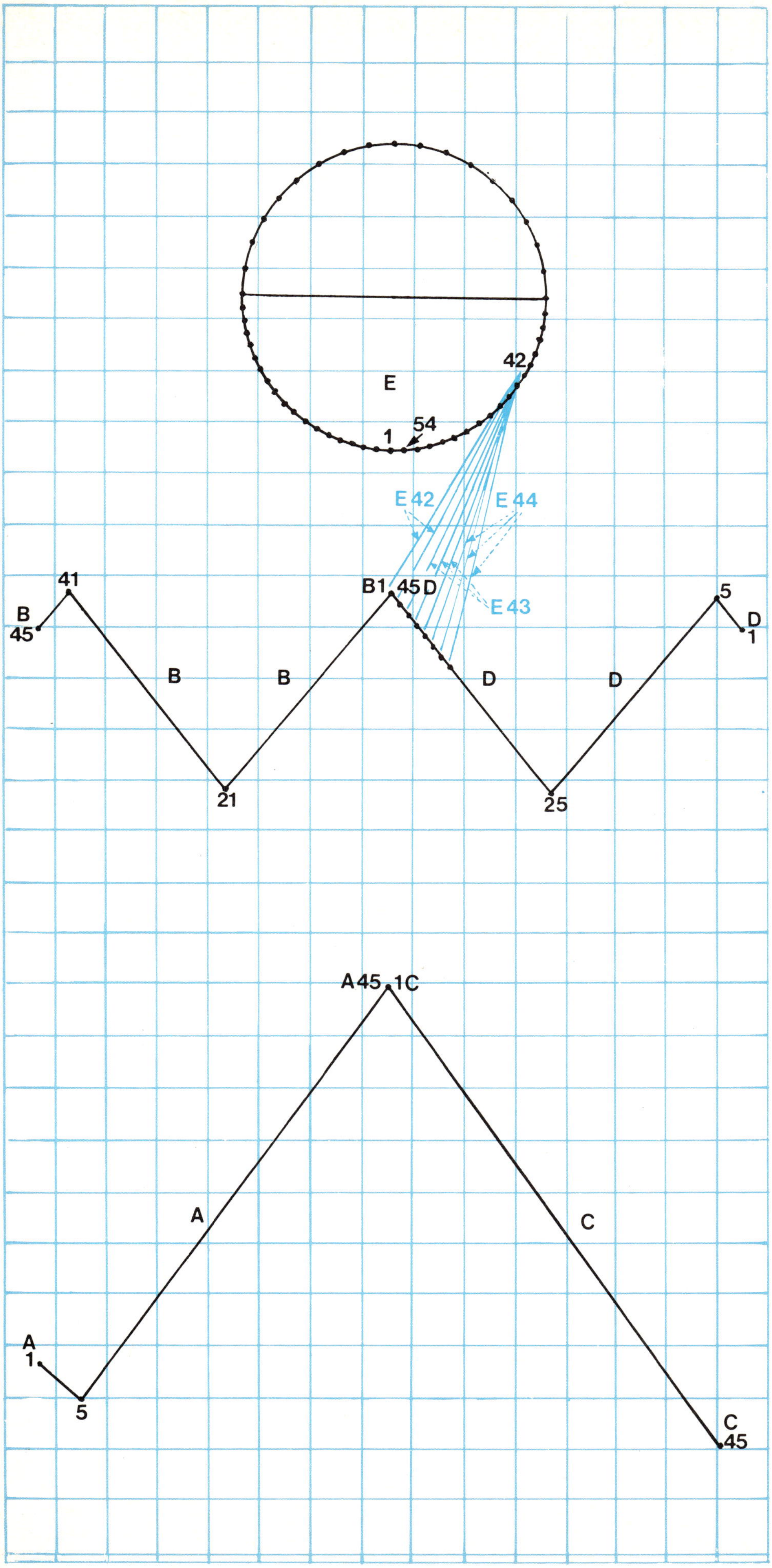

23 HOMME DE L'ESPACE

Matériel. Contre-plaqué ou aggloméré (686 x 381 x 13 mm) ; peinture noire mate ; pinceau ; papier quadrillé ; 232 clous de 19 mm ; pelote de fil vert.

Patron. Faites le patron grandeur naturelle en agrandissant le schéma. Marquez d'un point l'emplacement de chaque clou. Tracez les lignes A1-45, B1-45, C1-45, et D1-45 en gardant un espace égal entre les clous. Tracez au compas le cercle E (152 mm de diamètre). L'espace entre les clous sur la moitié supérieure du cercle doit être exactement le double de celui de la moitié inférieure. Utilisez, si possible, un rapporteur : au-dessus, les clous sont espacés de 10°, en bas de 5°.

Support. Peignez-le en noir mat et laissez sécher.

Pointes. Fixez le patron sur le support avec quelques punaises. Enfoncez les clous à travers le papier. Puis enlevez le patron.

Fils. Attachez le fil en A1 et passez-le en B1, B1-A2, A2-B2, et ainsi de suite jusqu'en A45 (qui est aussi C1). De C1, passez le fil en D1, D1-C2, C2-D2, etc. jusqu'en D45. La réalisation du cercle est assez compliquée. De D45, passez le fil en E42, E42-D44, D44-E42, E42-D43, D43-E43, E43-D42, D42-E43, E43-D41, D41-E43, et ainsi de suite jusqu'à ce que vous parveniez en E1 venant de D5. De cette façon, le fil passe d'un clou du cercle E à trois clous sur la rangée D, excepté pour le fil venant de E42 qui passe seulement sur deux clous de la rangée D. A partir de E1, passez le fil en B41, B41-E1, E1-B40, B40-E1, E1-B39, B39-E2, et ainsi de suite d'un clou du cercle E à trois clous sur la rangée B jusqu'à E14. De là, passez le fil en E40, E40-E15, E15-E41, et ainsi de suite. Arrêtez le fil en E14.

24 FLOCON DE NEIGE

Matériel. Contre-plaqué ou aggloméré (559 x 559 x 13 mm) ; peinture noire mate ; pinceau ; papier quadrillé ; 220 clous de 13 mm ; 3 pelotes de fil de couleur différente (par exemple vert, blanc, mauve).

Patron. L'espace entre les clous d'une même rangée est égal.

Pointes. Fixez le patron sur le support avec quelques punaises. Enfoncez les clous à travers le papier, puis enlevez soigneusement le patron.

Fils. Attachez un fil vert en A1 et, en contournant les clous dans le sens des aiguilles d'une montre, passez le fil en A7, A7-A1, A1-A8, A8-A1, et ainsi de suite jusqu'en A21. De A21, passez en A1 et, en contournant les clous en sens inverse des aiguilles, passez en A14, A14-A2, A2-A15, A15-A3, etc. jusqu'au retour en A1 où vous arrêtez le fil. Faites la même chose pour B, C, D, E et F. Les rangées C et F comportent moins de clous, mais le fil est tendu de la même façon. Attachez de nouveau un fil blanc en G1 et passez le fil (dans le sens des aiguilles d'une montre) autour de G2, G2-G1, G1-G3, G3-G1, G1-G4 et ainsi de suite jusqu'à G1 en venant de G26. Passer maintenant le fil en G14, G14-G2, G2-G15, G15-G3 etc. et l'arrêter au retour en G1. Faites la même chose pour H, I, J, K et L. Attachez un fil mauve en M37 et (dans le sens des aiguilles) passez le fil autour de M4, M4-M37, M37-M5, M5-M37 etc. jusqu'au retour en M4. De là, passez en M28, M28-M3, M3-M27, M27-M2, M2-M26 et ainsi de suite jusqu'au retour en M14. Arrêtez le fil.

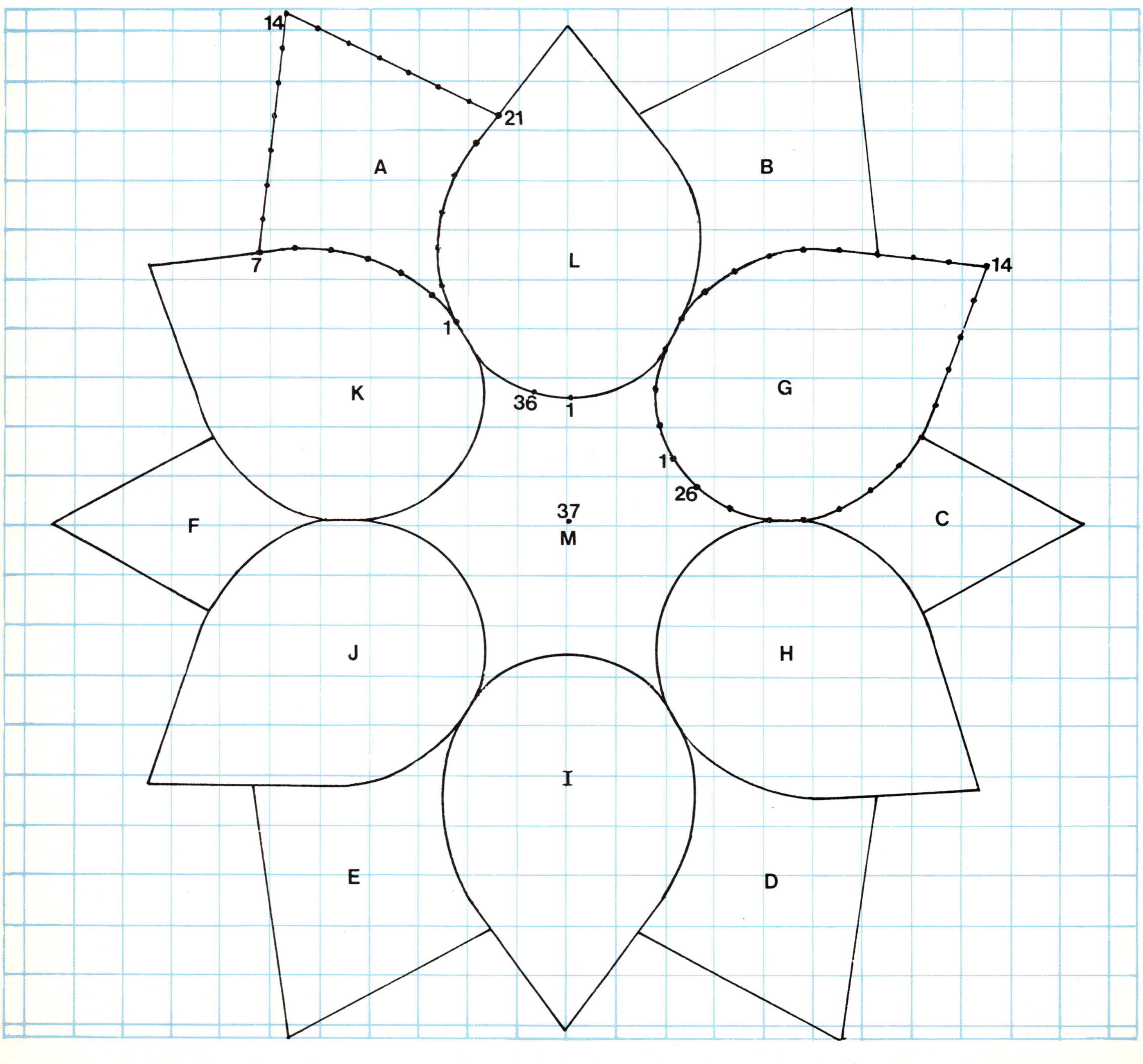

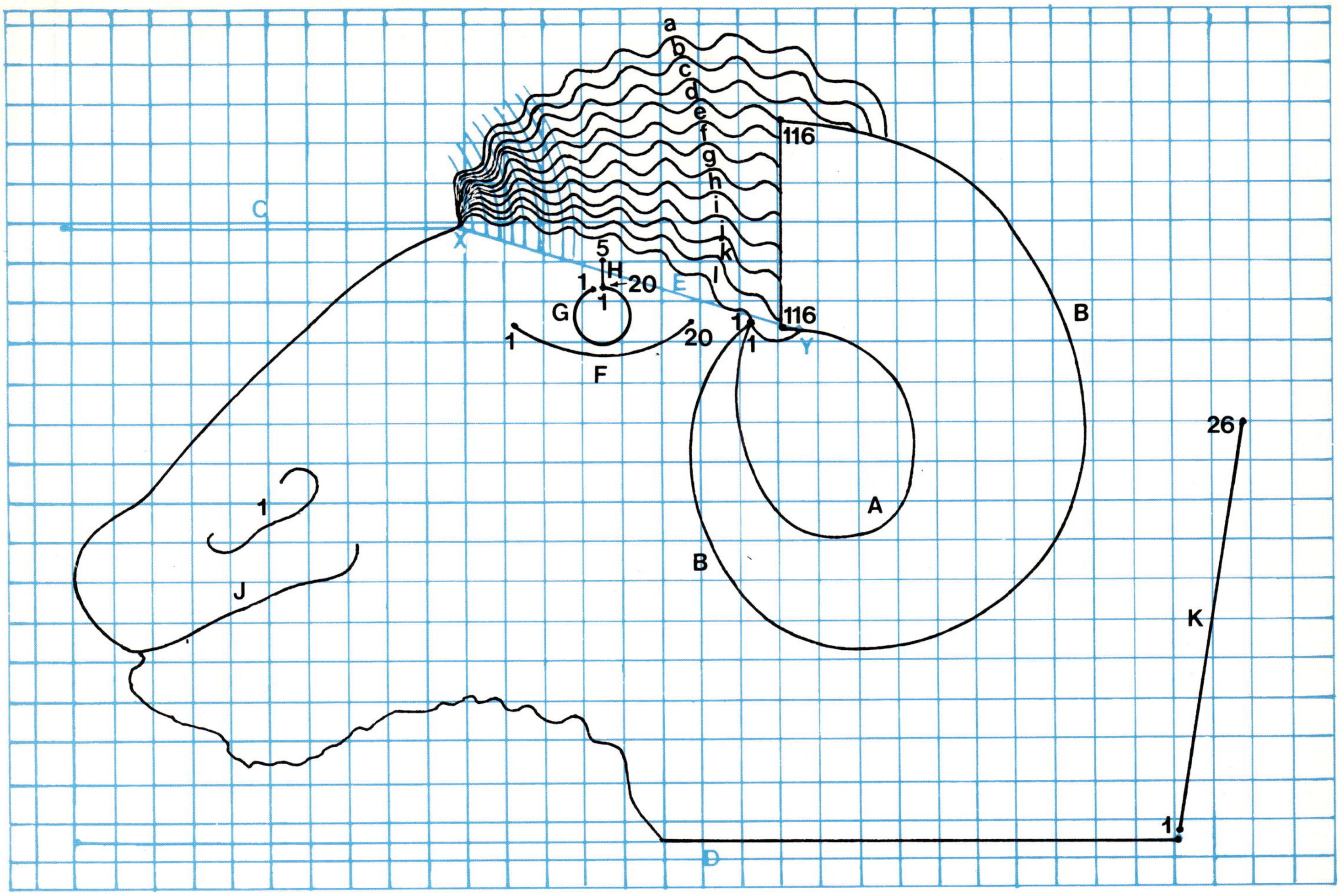

25
BÉLIER

Matériel. Contre-plaqué ou aggloméré (813 x 559 x 13 mm) ; feutrine (865 x 610 mm) ; papier quadrillé ; 975 clous de 13 mm ; colle transparente ; quelques bobines de fil de couleur différente.

Patron. Agrandissez le schéma sur du papier quadrillé. Marquez l'emplacement de chaque clou sur un point. Espacer les clous exactement est assez compliqué. Marquez d'abord ceux des rangées A et B ; sur A, l'espace entre les clous est égal ; sur la ligne B, les clous de 1 à 24 sont espacés de 3 mm ; de 25 à 42 : 5 mm ; de 43 à 116 : 6 mm. Sur le patron, tracez aussi les lignes bleues C, D et E qui ne représentent pas des rangées de clous. Sur ces trois lignes, marquez des points espacés de 5 mm et joignez les points D avec ceux de C et de E. Vous trouverez ainsi l'emplacement des clous pour la tête du bélier et ceux de la gueule et des naseaux. Pour la crinière, placez la pointe du compas en X et, en vous servant des points déjà marqués sur E, tracez des arcs de cercle qui vous donneront l'emplacement des clous sur la crinière. Terminez à la main. Les clous sur les lignes F, G, H et K sont espacés également.

Support. Voir l'introduction.

Pointes. Fixez le patron sur le support avec quelques punaises. Enfoncez les clous à travers le papier, puis enlevez soigneusement le patron.

Fils. Attachez le fil en A1 et faites A1-B1, B1-A2, A2-B2, et ainsi de suite. Arrêtez en B116. Attachez le fil à l'extrémité du museau et recouvrez toute la tête en tendant le fil de haut en bas. Lorsque vous arrivez à la fin des clous qui forment le bord inférieur de la crinière, tendez le fil de la ligne D vers le bord inférieur de la corne et continuez le côté droit de la corne à partir de K. Examinez l'illustration.
Arrêtez le fil en K26. Attachez un fil en X et passez-le sur le premier clou de la ligne a, puis de là sur la rangée b et joignez ainsi tous les clous de ces rangées a et b. En partant toujours de X, faites de la même manière toute la crinière en joignant deux lignes ondulées parallèles. Attachez le fil en G1 et faites G1-G8, G8-G2, G2-G9, G9-G3, G3-G10 et ainsi de suite jusqu'au retour en G1. Arrêtez le fil. Attachez un fil en F1 et faites F1-G1, G1-F2, F2-G2, etc. et arrêtez le fil en F20. attachez à nouveau le fil en F1 et passez le fil par H5 jusqu'à F20, F20-H4, F1, F1-H3-F20, F20-H2-F1, F1-H1-F20 où vous arrêtez le fil. Faites les naseaux (I) et la bouche (J) en passant deux fois un fil foncé.

26
LE TAUREAU

Matériel. Contre-plaqué ou aggloméré (813 x 559 x 13 mm) ; feutrine (864 x 610 mm) ; papier quadrillé ; 798 clous de 13 mm ; colle transparente ; fil d'or, fil d'argent, fil rouge, blanc et brun.

Patron. Faites l'agrandissement sur papier quadrillé et marquez d'un point l'emplacement de chaque clou. L'espace entre les clous d'une rangée est toujours égal.

Fils. Attachez le fil d'or en C et passez-le en A1, A1-B1, B1-A2 et ainsi de suite jusqu'au B65. A partir de B65, B66, B67 et B68, tendez le fil sur A64 et arrêtez-le. Faites la même chose pour l'autre corne, mais à partir du 2e clou de la rangée située à sa gauche (voir illustration). Attachez un fil rouge en L1, faites L1-K1, K1-L3, L3-K2, etc. en sautant un clou sur deux de la rangée L. Continuez jusqu'à L19 et arrêtez le fil. Attachez du fil blanc en O1 et faites O1-L10, L10-L20, L20-O1, O1-L11, L11-O2, O2-L12 etc. jusqu'à L20. De là, passez le fil en O1 et arrêtez-le. Attachez un fil rouge en L1 et passez-le en O1, O1-L2, L2-O2, etc. jusqu'à L10 et arrêtez-le. Attachez le fil rouge en M1 et passez le fil en N15, N15-N1, N1-M1, M1-N2, N2-M2, M2-N3 etc. et arrêtez le fil en N15. Attachez un fil rouge en P1, passez le fil de P1 en R1, R1-P2, P2-R2, etc. jusqu'à P9. De P9, passez à Q9, Q9-P8, P8-Q8, etc. et arrêtez le fil en P1. Attachez du fil brun en U31, faites U31-W1, W1-U31, U31-W2, etc. Arrêtez le fil quand vous arrivez à U31 en venant de W11. Attachez du fil rouge en T1 et faites T1-U1, U1-T2, T2-U2, etc. et arrêtez le fil en U31. Attachez un fil d'argent en V1, puis faites V1-W1, W1-V2, V2-W2, etc. et arrêtez-le en W6. Attachez un fil brun en Z1, faites Z1-Y2, Y2-Z2, Z2-Y3, etc. et arrêtez le fil en Z6. Attachez du fil rouge en S1, et faites S1-S17, S17-S2, S2-S16, etc. et arrêtez le fil en S1. Attachez du fil blanc en Y1 et faites Y1-X1, X1-Y2, Y2-X2, etc. et arrêtez le fil en X11. Attachez un fil d'argent en D1 et faites D1-D6, D6-E6, E6-D1, D1-E2, E2-D2, D2-E3, etc. et arrêtez le fil en E6. Faites de la même manière en F, G et H, J. Achevez ensuite la seconde partie du taureau selon le même procédé.

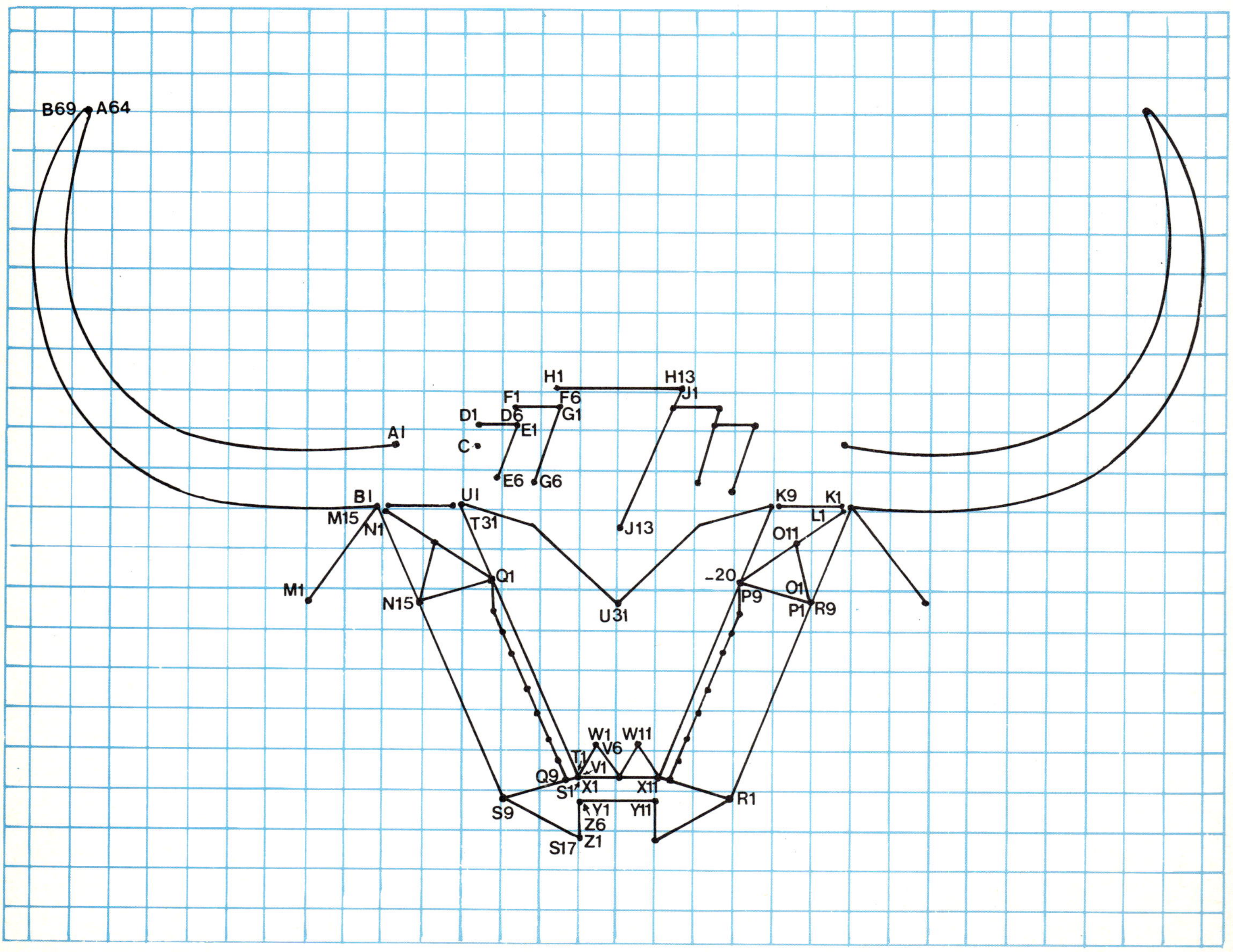

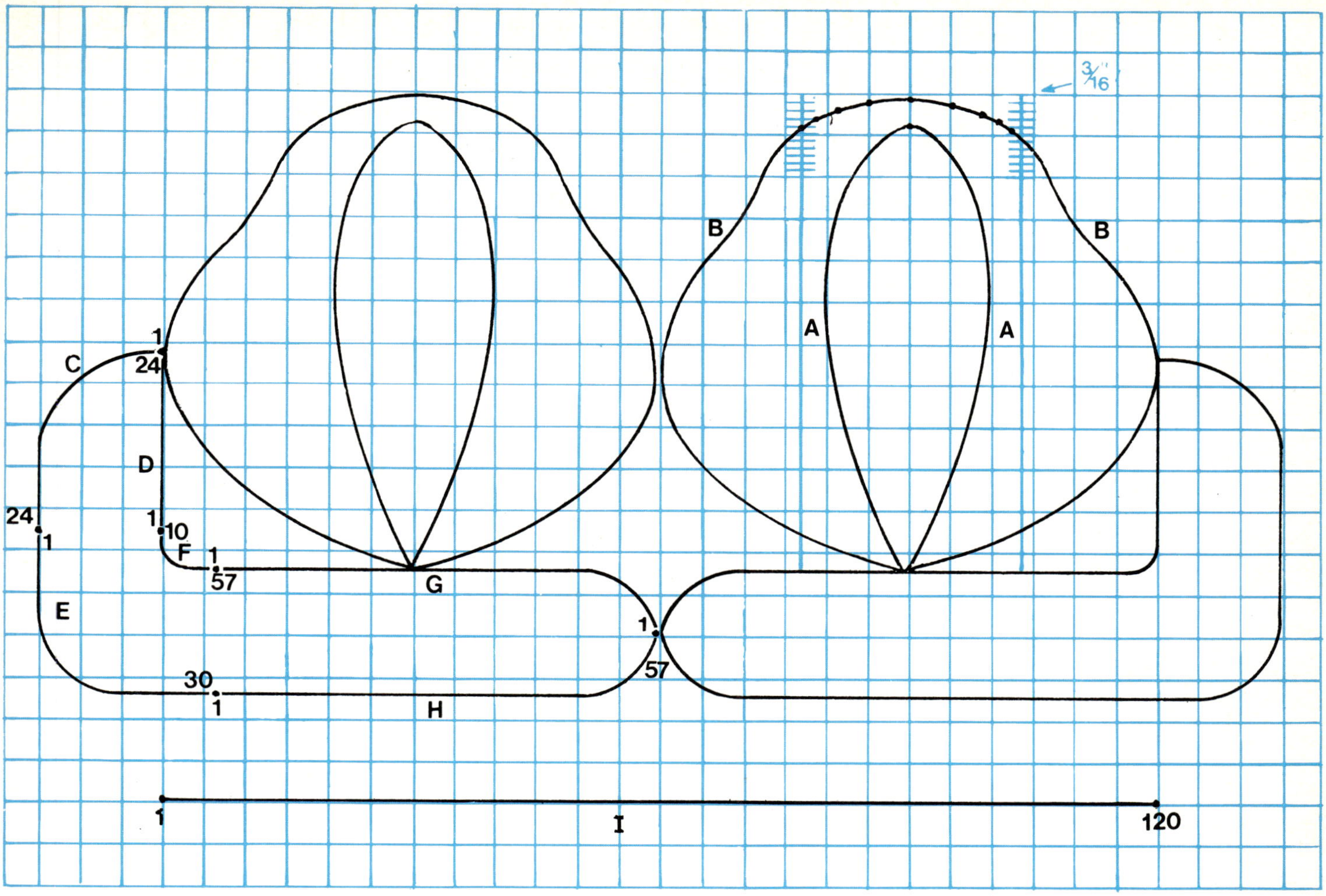

27 GÉMEAUX

Matériel. Contre-plaqué ou aggloméré (813 x 559 x 13 mm) ; feutrine (865 x 610 mm) ; papier quadrillé ; 800 clous de 13 mm ; colle transparente ; pelotes de fil de 3 couleurs différentes, argent, jaune et rouge.

Patron. Faites le patron grandeur réelle et marquez d'un point l'emplacement de chaque clou. Tracez les lignes A et B et les deux parallèles en bleu. Sur ces deux parallèles (qui ne sont pas des rangées de clous), marquez des points à intervallles de 5 mm et utilisez ces points pour marquer l'emplacement des clous sur les rangées A et B. Sur toutes les autres rangées, l'espacement des clous est égal sur chaque ligne.

Support. Voir l'introduction.

Pointes. Fixez le patron sur le support avec des punaises. Enfoncez les clous à travers le papier, puis enlevez soigneusement le patron.

Fils. Attachez le fil en A1 et faites-le passer sur le clou situé à sa hauteur sur la rangée B, revenez en A2 et ainsi de suite tout autour jusqu'à la fin de la rangée A. Faites la même chose de l'autre côté. Attachez le fil en G1 et faites G1-H57, H57-G2, G2-H56 et ainsi de suite jusqu'à ce que vous atteigniez F1. A partir du même clou F1 passez le fil autour de 3 clous successifs sur la rangée E et revenez en E2. A partir du même clou E2, faites passer le fil autour de 3 clous successifs sur la rangée E, et ainsi de suite jusqu'à ce que vous arriviez en C24. Terminez cette partie en tendant le fil comme entre G et H. Faites l'autre côté du motif de la même manière. Attachez le fil en I1 et tendez-le verticalement sur un clou correspondant de la rangée H. Continuez ainsi sur toute la ligne et arrêtez le fil en I120.

28
CANCER

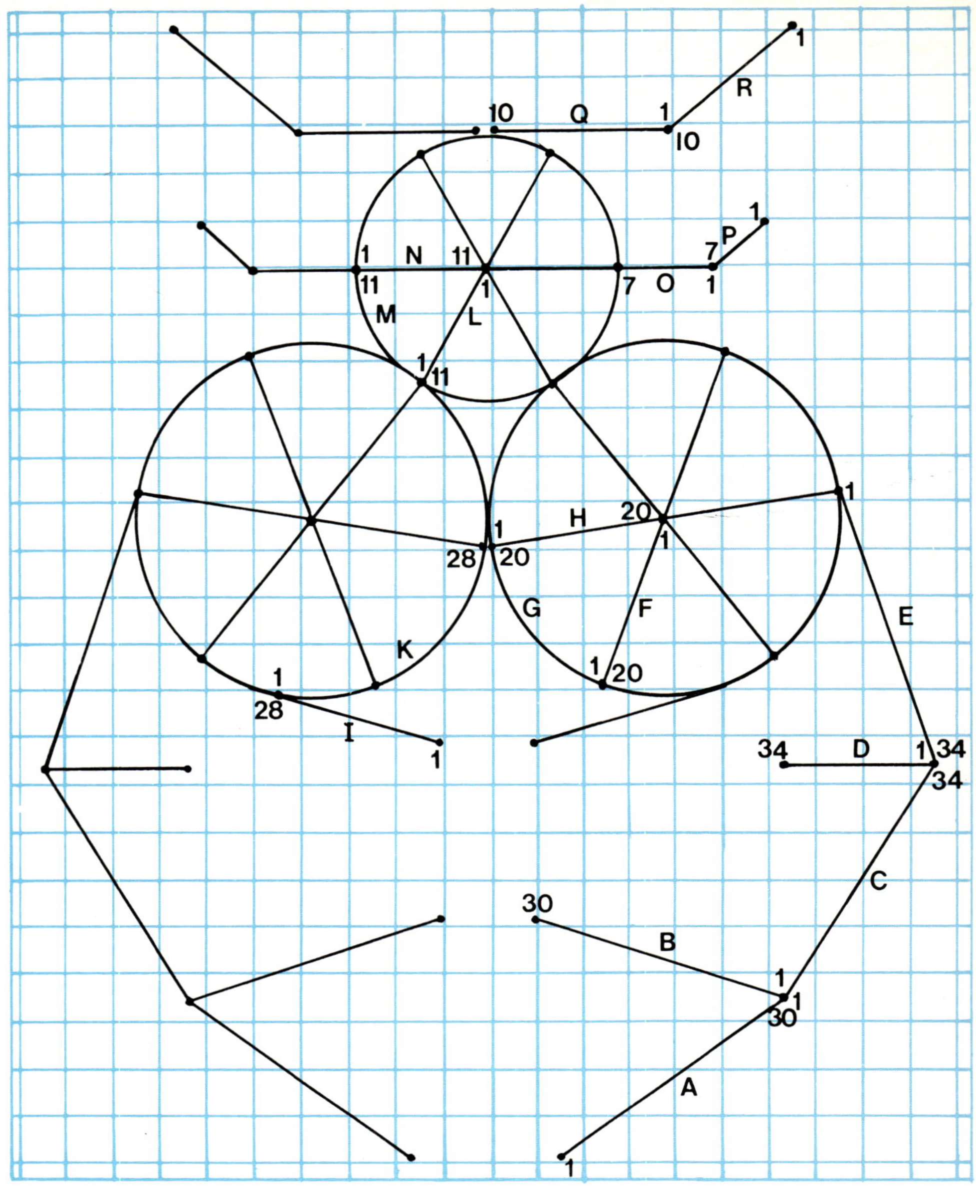

Matériel. Contre-plaqué ou aggloméré (813 x 559 x 13 mm) ; feutrine (864 x 610 mm) ; papier quadrillé ; environ 960 clous de 13 mm ; colle transparente ; plusieurs pelotes de fils de différentes couleurs.

Patron. Tracez le patron grandeur réelle sur du papier quadrillé. Marquez d'un point l'emplacement de chaque clou. Les espaces entre les clous de chaque rangée sont égaux.

Support. Voir l'introduction.

Pointes. Fixez le patron sur le support avec quelques punaises. Enfoncez les clous à travers le papier, puis enlevez soigneusement le patron.

Fils. Attachez le fil en A1 et passez-le en B1, B1 - A2, A2 - B2, et ainsi de suite jusqu'à ce que vous atteigniez B30. Arrêtez le fil. Faites de même de l'autre côté. Attachez le fil en C1 et faites C1 - D1, D1 - C2, C2 - D2, D2 - C3, etc. jusqu'à D34. De D34, passez le fil en E34, E34 - D33, D33 - E33, etc. jusqu'en E1. Arrêtez le fil. Faites l'autre côté de la même manière. Attachez le fil en G1 (qui est aussi F20) et faites G1 - H1 (qui est aussi G20), H1 - F1 (qui est aussi H20), F1 - G2, G2 - H2, H2 - F2, F2 - G3, etc. jusqu'à ce que ce secteur soit achevé. Faites de la même manière tous les autres secteurs semblables et suivez le même ordre pour L, M, N. Attachez le fil en I1, et passez en K1, K1 - I2, I2 - K2, etc. Arrêtez le fil K28. Faites l'autre côté de la même manière. Attachez le fil en P1 et faites P1 - O1, O1 - P2, P2 - O2, etc. en arrêtant le fil en O7. Faites de même de l'autre côté et suivez le même ordre pour les rangées R et Q.

29 LION

Matériel. Contre-plaqué ou aggloméré (813 x 559 x 13 mm) ; feutrine (865 x 610 mm) ; papier quadrillé ; 1070 clous de 13 mm ; colle transparente ; fil d'or, fils noir et argenté.

Patron. Agrandissez le schéma à la grandeur naturelle sur du papier quadrillé. Marquez d'un point l'emplacement de chaque clou. Notre modèle comporte 600 clous sur la rangée A et 300 sur la rangée B. Ils sont régulièrement espacés, excepté de A250 à A350 où l'espace est le double des autres. Si vous voulez simplifier le motif, vous pouvez réduire le nombre de clous, pourvu que la rangée A en comporte deux fois plus que la rangée B. Les espaces entre les clous sont égaux sur chacune des autres rangées.

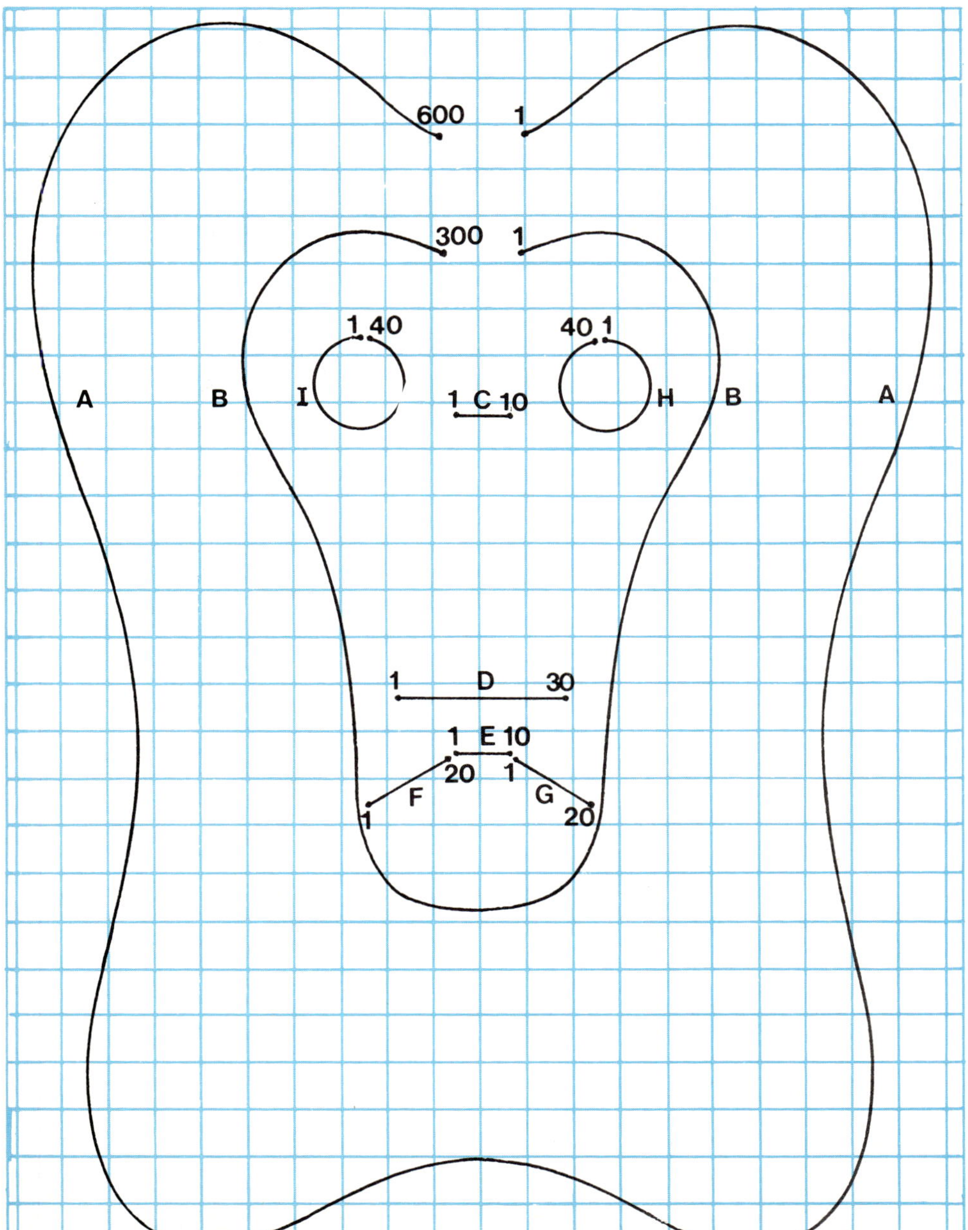

Support. Voir l'introduction.

Pointes. Fixez le patron sur le support avec des punaises. Enfoncez les clous à travers le papier, puis enlevez le patron.

Fils. Attachez un fil d'or en A1 et faites A1 - B1, B1 - A2, A2 - B1, B1 - A3, A3 - B2, B2 - A4, A4 - B2 et ainsi de suite jusqu'à A600 où vous arrêtez le fil. De cette façon, chaque clou de B est utilisé 2 fois. Attachez le fil blanc en C10 et faites C10 - H35, H35 - C10, C10 - H34, H34 - C10 et ainsi de suite jusqu'à H25. A partir de H25, repassez le fil en C10 et ensuite, en passant sous l'œil, tendez le fil jusqu'au clou de B qui est à la hauteur de C. A partir de ce clou de B (que nous appellerons X) passez le fil en H15, H15 - X, X - H14, H14 - X, X - H13 et ainsi de suite jusqu'à H5. A partir de H5, passez le fil en X et, par dessus l'œil, en C10 où vous l'arrêtez. Faites l'autre œil de la même manière. Attachez le fil en C1 et faites C1 - D1, D1 - C1, C1 - D2, D2 - C1, C1 - D3, D3 - C2, C2 - D4, D4 - C2, C2 - D5, D5 - C2, C2 - D6, D6 - C3, et ainsi de suite jusqu'à D30 et arrêtez le fil en C10. Attachez le fil en E1 et faites E1 - D1, D1 - E1, E1 - D2, D2 - E1, E1 - D3, D3 - E2, etc. jusqu'à D30 et arrêtez le fil en E10. Attachez le fil en F1 et passez en G1, G1 - F2, F2 - G2, G2 - F3, et ainsi de suite jusqu'à G20. Tendez le fil jusqu'à F1, revenez en G20 et arrêtez le fil.

30
VIERGE

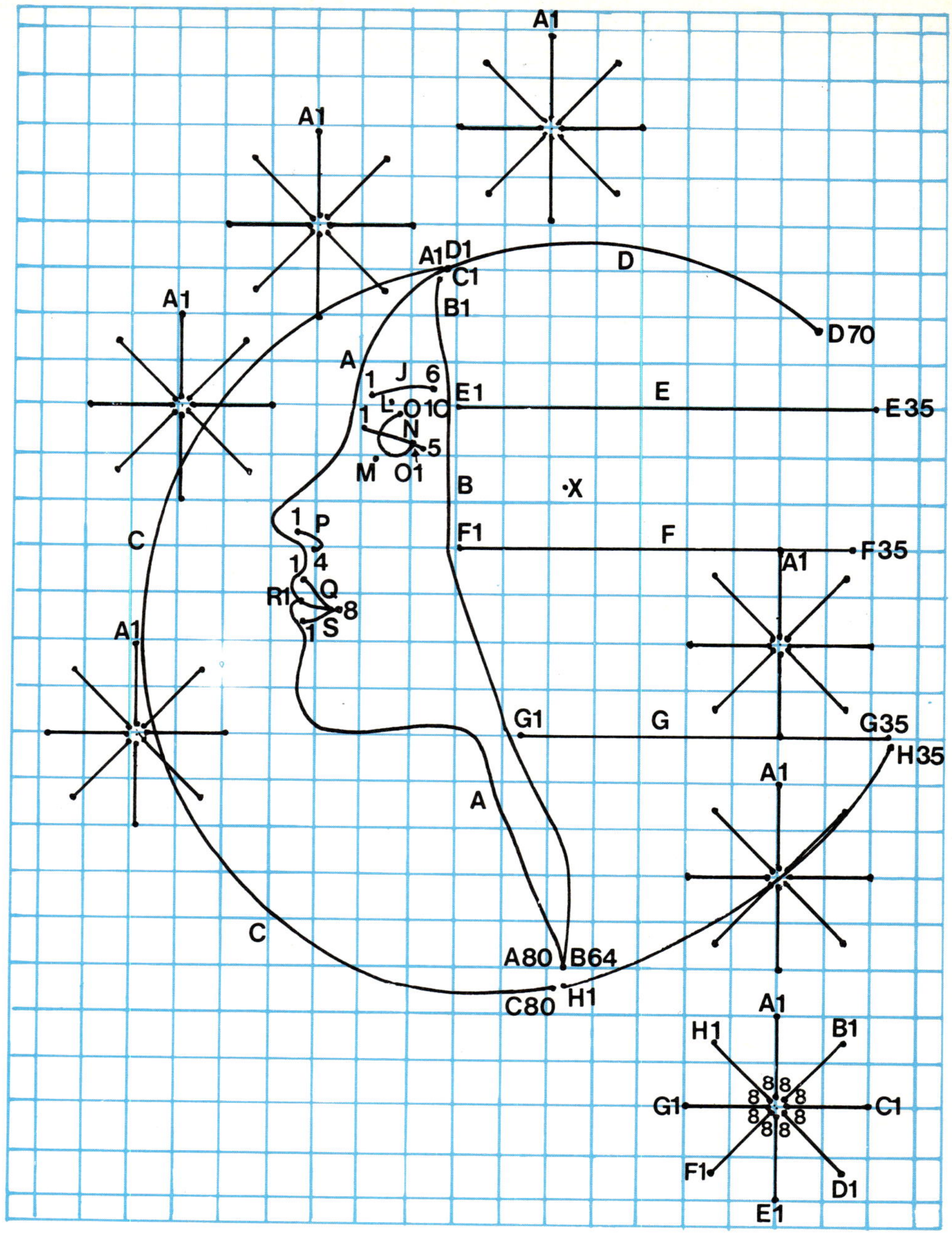

Matériel. Contre-plaqué ou aggloméré (813 x 559 x 13 mm) ; feutrine (864 x 610 mm) ; papier quadrillé dont les carreaux soient de 5 mm ; 1360 clous de 13 mm ; colle transparente ; 4 pelotes de fils de différentes couleurs (par ex. turquoise, bleu clair, bleu foncé et fil argenté).

Patron. Faites l'agrandissement du graphique. Marquez d'un point l'emplacement de chaque clou. Si vous voulez simplifier le travail, vous pouvez réduire de moitié le nombre de clous sur chaque rangée. Tracez toutes les lignes et faites 64 points sur la ligne B (espaces égaux). Placez une règle en passant par X et le point d'intersection des lignes A et C et marquez les points A1-C1. Marquez les points de A2 à A64 et de C2 à C64 en faisant pivoter la règle autour du point X. Sur les lignes A2-C2, A4-C4, A6-C6, etc. jusqu'à 64, marquez des points tous les 6 mm. Marquez 70 points sur la ligne D à intervalles égaux, et 35 points sur les lignes E, F, G et H à intervalles égaux. Tracez tous les détails du visage comme sur le schéma.

Support. Voir l'introduction.

Pointes. Fixez le patron sur le support avec des punaises. Enfoncez les clous à travers le papier, puis enlevez le patron soigneusement.

Fils. Attachez un fil bleu clair en A1, faites A1-B1, B1-A2, A2-B2, et ainsi de suite jusqu'à A64. Arrêtez le fil. Attachez un fil turquoise en C1 et, en passant alternativement le fil à gauche, puis à droite des clous, tendez le fil le long de toute la rangée C jusqu'à C64. De là, faites de la même manière le long de la rangée suivante jusqu'à ce que tous les clous compris entre C et A soient utilisés et arrêtez le fil. Attachez un fil turquoise en H1, tournez-le autour de G1, puis F1, E1 et D1, puis D1-D2, D2-E1, F1, G1 et H1. Continuez jusqu'à D70. Arrêtez le fil. Attachez un fil bleu foncé en J1, J1-J2, J2-J3, jusqu'à J6 et revenez en J1 ; arrêtez le fil. Avec du fil bleu foncé, attaché en P1, faites la narine P1-P6 en passant entre les clous. Attachez du fil bleu foncé en Q1, faites Q1-R1, R1-S1, S1-S2, S2-R2, R2-Q2, Q2-Q3, Q3-R3, R3-S3, etc. jusqu'à R8 (qui est aussi Q8 et S8). Arrêtez le fil. Attachez un fil turquoise en N5, passez en L, puis L-N5, N5-N1, N1-N5, N5-M, M-N5, N5-N4 (qui est aussi O1), O1-O5, O5-O2, O2-O6, O6-O3, O3-O7, O7-O4, O4-O8, O8-O5, O5-O9, O9-O6, O6-O10, où vous arrêtez le fil. Pour faire les étoiles, attachez chaque fois le fil en A8 et tendez-le entre A8-B4, B4-B3, B3-A7, A7-B2, B2-A6, A6-B1, B1-A5, A5-B8, B8-A4, A4-B7, B7-A3, A3-B6, B6-A2, A2-B5, B5-A1, A1-B4, B4-C5, C5-B8 et reprenez cet ordre pour BC, etc. Arrêtez le fil en H4.

31 BALANCE

Matériel. Contre-plaqué ou aggloméré (813 x 559 x 13 mm) ; feutrine (865 x 610 mm) ; papier quadrillé ; 736 clous de 13 mm ; 3 grands clous à tête ; colle transparente ; plusieurs pelotes de fil de différentes couleurs ; 1,5 m de gros fil d'or.

Patron. Faites l'agrandissement du schéma sur papier quadrillé.

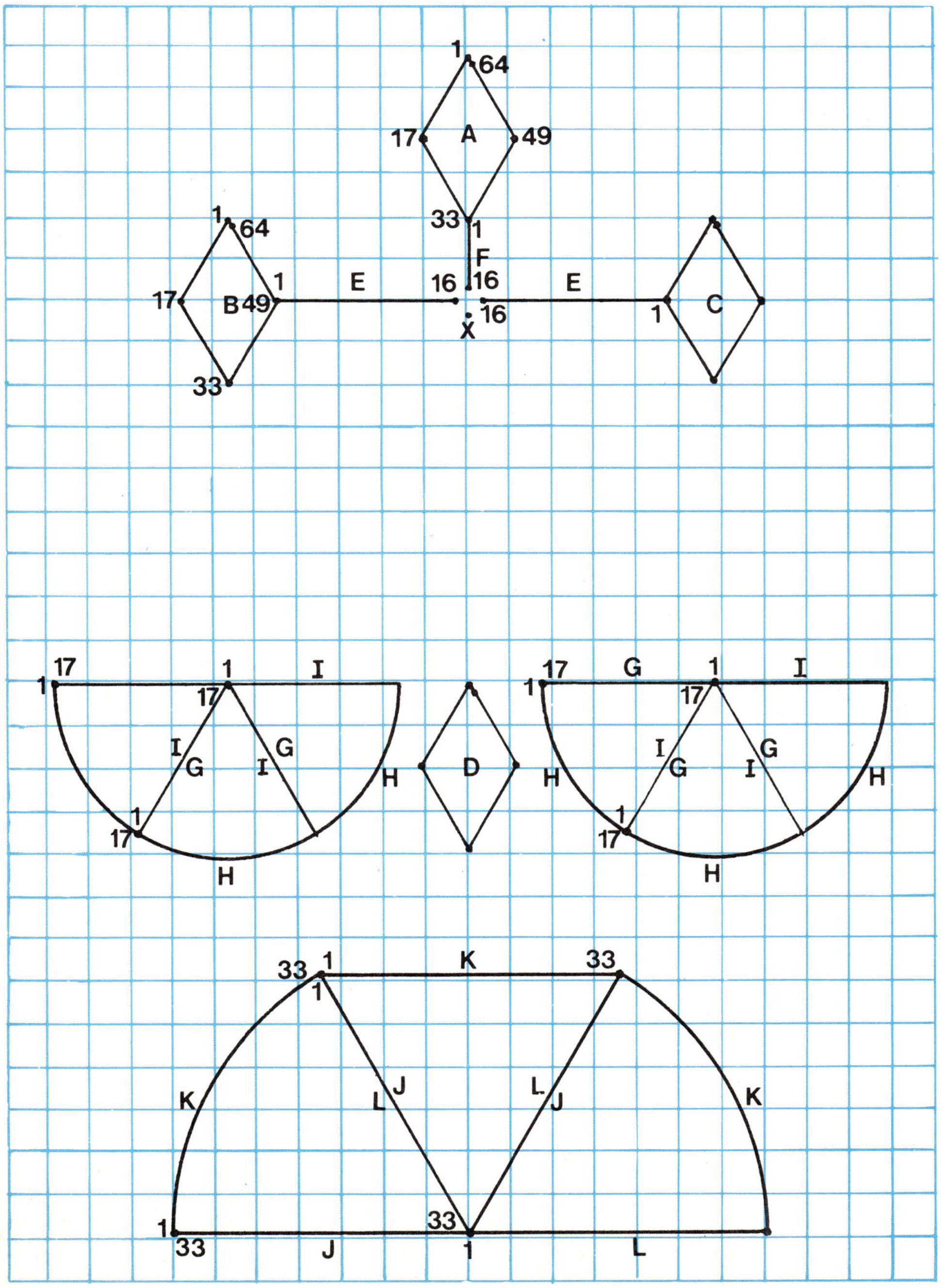

Marquez d'un point l'emplacement de chaque clou. Sur les 4 losanges A, B, C et D, les clous sont très rapprochés. Pour les placer plus facilement, marquez les points 1, 17, 33 et 49, puis répartissez les autres entre ceux-là. Au total 64 points. Les autres clous sont espacés également.

Support. Voir l'introduction.

Pointes. Fixez le patron sur le support avec des punaises. Enfoncez les pointes à travers le papier ; placez les trois grands clous à tête en B33, C33 et X. Enlevez le patron.

Fils. Attachez le fil en A1 et faites A1-A49, A49-A33, A33-A17, A17-A2, A2-A50, A50-A34, A34-A18, A18-A3, A3-A51, A51-A35, A35-A19, A19-A4 et ainsi de suite jusqu'au retour à A1. Arrêtez le fil. Faites de même les autres losanges B, C et D. Attachez le fil en E1, passez en F16, F16-E2, E2-F15, F15-E3, etc. jusqu'à E16 et arrêtez le fil. Faites l'autre côté de même. Attachez le fil en G1, puis G1-H1, H1-I1, I1-G2, G2-H2, H2-I2, I2-G3, etc. jusqu'en G17 où vous arrêtez le fil. Faites de la même façon les 5 parties identiques. Attachez le fil en J1 et passez le fil en K1, K1-L1, L1-J2, J2-K2, K2-L2, L2-J3, etc. jusqu'à J33 où vous l'arrêtez. Faites de même les 2 parties identiques. Attachez le fil en X, passez-le sous D17, D17-X, X-D16, D16-X, etc. jusqu'en D49. De D49, passez sous K18, K18-D48, D48-K19, K19-D47, etc. jusqu'en K33 où vous arrêtez le fil. Attachez le fil en D17, faites D17-K16, continuez comme précédemment et arrêtez le fil en K1. On n'utilise pas le clou K17. Finalement, attachez le gros fil d'or en B33, faites-le passer autour du plateau de la balance et arrêtez-le en B33. Faites la même chose à partir de C33.

32
SCORPION

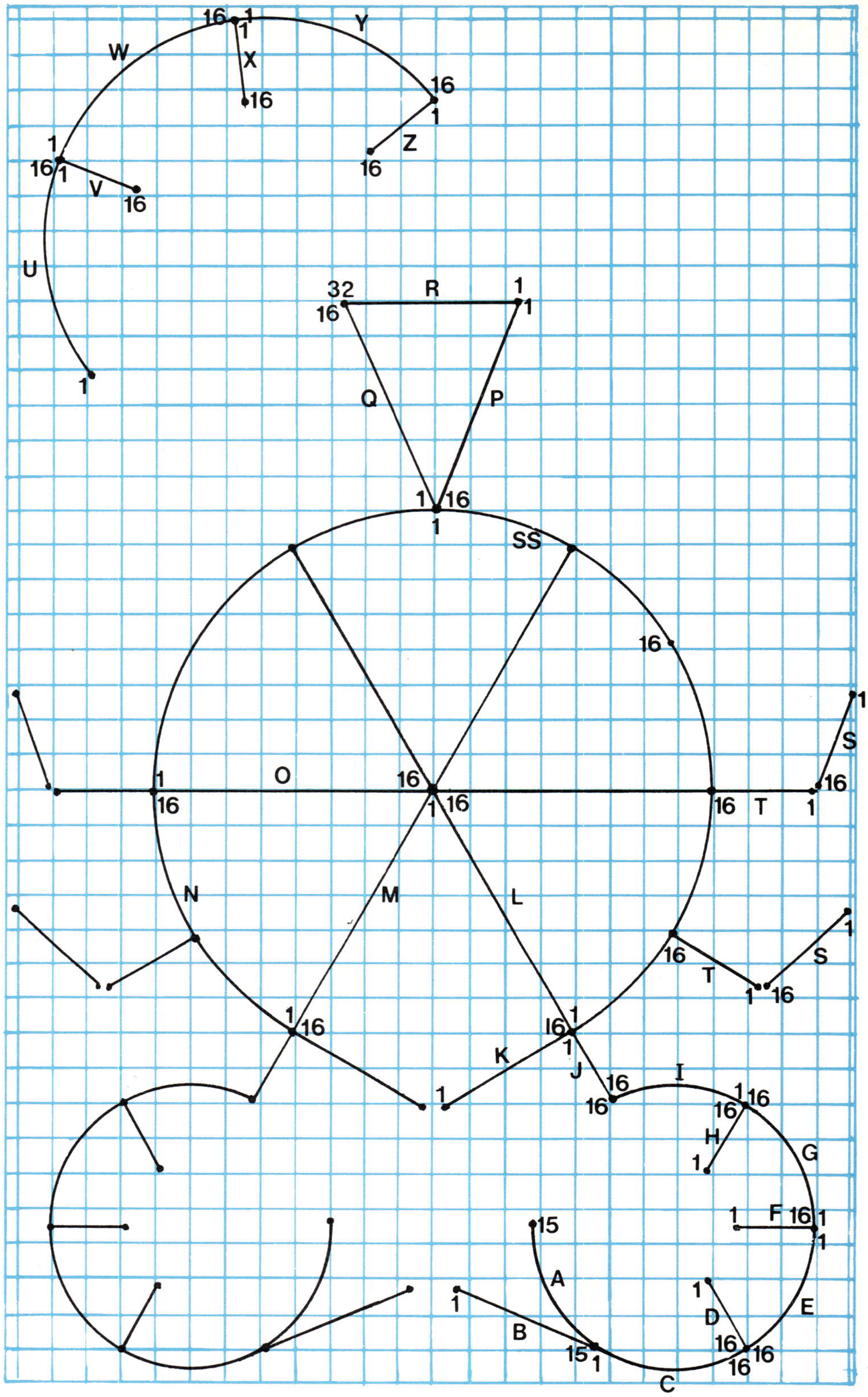

Matériel. Contre-plaqué ou aggloméré (1016 x 660 x 13 mm) ; feutrine (1067 x 710 mm) ; papier quadrillé ; 650 clous de 13 mm ; colle transparente ; 3 pelotes de fil de différentes couleurs.

Patron. Faites l'agrandissement du graphique sur papier quadrillé. Marquez d'un point l'emplacement de chaque clou. Les espaces entre les clous sont égaux sur chaque rangée.

Support. Voir l'introduction.

Pointes. Fixez le patron sur le support avec des punaises. Enfoncez les clous à travers le papier, puis enlevez soigneusement le patron.

Fils. Attachez le fil en A1 et passez-le en B1, B1-A2, A2-B2, etc. jusqu'en B15 où vous l'arrêtez. Attachez un fil en C1 et faites C1-D16, D16-C2, C2-D15, etc. jusqu'en D1. Ensuite D1-E1, E1-D2, D2-E2, etc. jusqu'à E16. De là, amenez le fil en F1, puis en E15, E15-F2, F2-E14, etc. Arrêtez le fil en F16. Faites les sections F, G, H et I de la même manière, puis l'ensemble de l'autre pince. Attachez le fil en I1, faites I1-J16, J16-I2, I2-J15, etc. jusqu'en J1. De là, passez en K1, K1-J2, J2-K2, etc. jusqu'en K16 où vous arrêtez le fil. Faites de même l'autre côté. Attachez le fil en K1, faites K1-L1, L1-K2, K2-L2, etc. jusqu'à L16. De L16, faites le reste de l'autre côté de la même manière. Attachez le fil en M1, faites M1-N1, N1-O1, O1-M2, M2-N2, N2-O2, etc. jusqu'à O16. Faites ensuite de la même manière les quatre autres parties du corps. Réalisez le triangle PQR en n'utilisant pas un clou sur deux de la rangée R. Attachez ensuite le fil en P16 et faites P16-SS2, SS2-P15, P15-SS3, etc. jusqu'à P11. De là, faites P11-P1, P1-SS1, SS1-P2, P2-SS2, etc. jusqu'à SS16 où vous arrêtez le fil. Faites de même de l'autre côté. Attachez le fil en S1, puis faites S1-T1, T1-S2, S2-T2, etc. jusqu'à T16. Suivez cet ordre pour faire les trois parties identiques. Attachez le fil en U1, passez-le en V1 et travaillez comme pour les parties C, D, E, F, G, H. Attachez le fil en Z1 et faites Z1-R16, R16-Z2, Z2-R15, etc. jusqu'en R1. De là, revenez en R32, R32-Z1, Z1-R31, R31-Z2, etc. jusqu'à Z16 où vous arrêtez le fil.

LES SIGNES DU ZODIAQUE

25
LE BÉLIER

26
TAUREAU

27
LES GÉMEAUX

28

LE CANCER

29

LE LION

30

LA VIERGE

31

LA BALANCE

32
LE SCORPION

33
LE SAGITTAIRE

34

LE CAPRICORNE

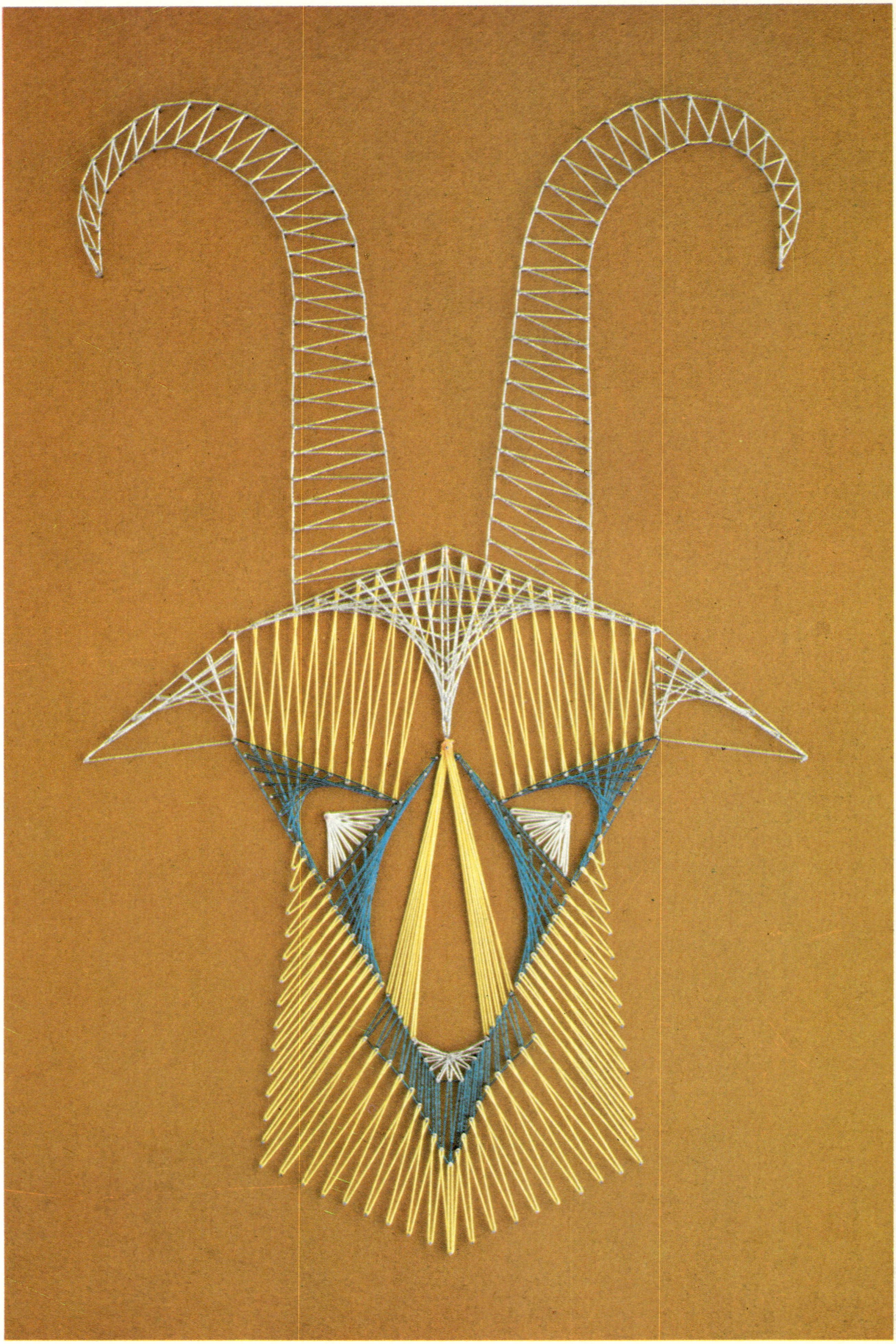

35

LE VERSEAU

36 LES POISSONS

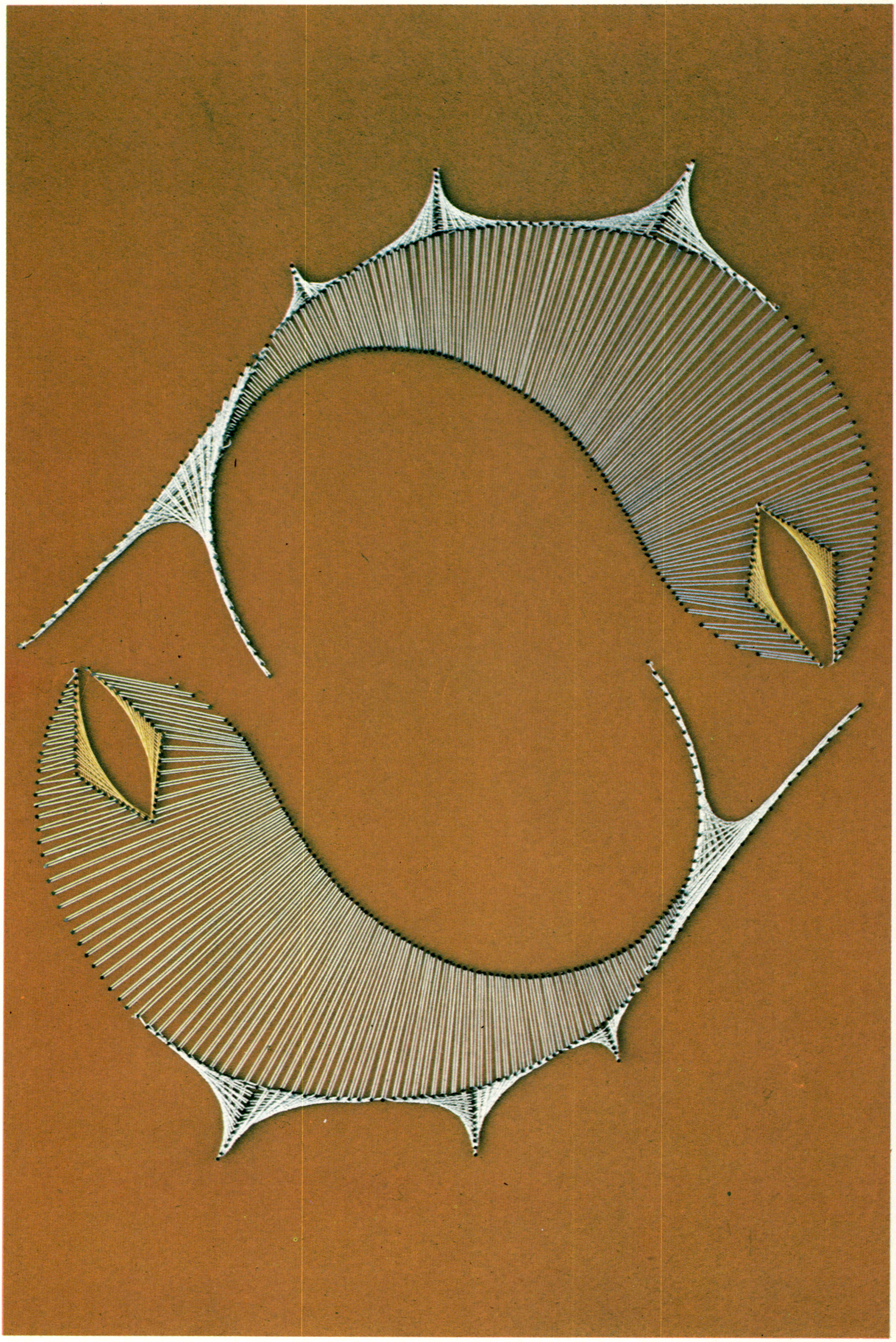

37
LAMPE A PÉTROLE

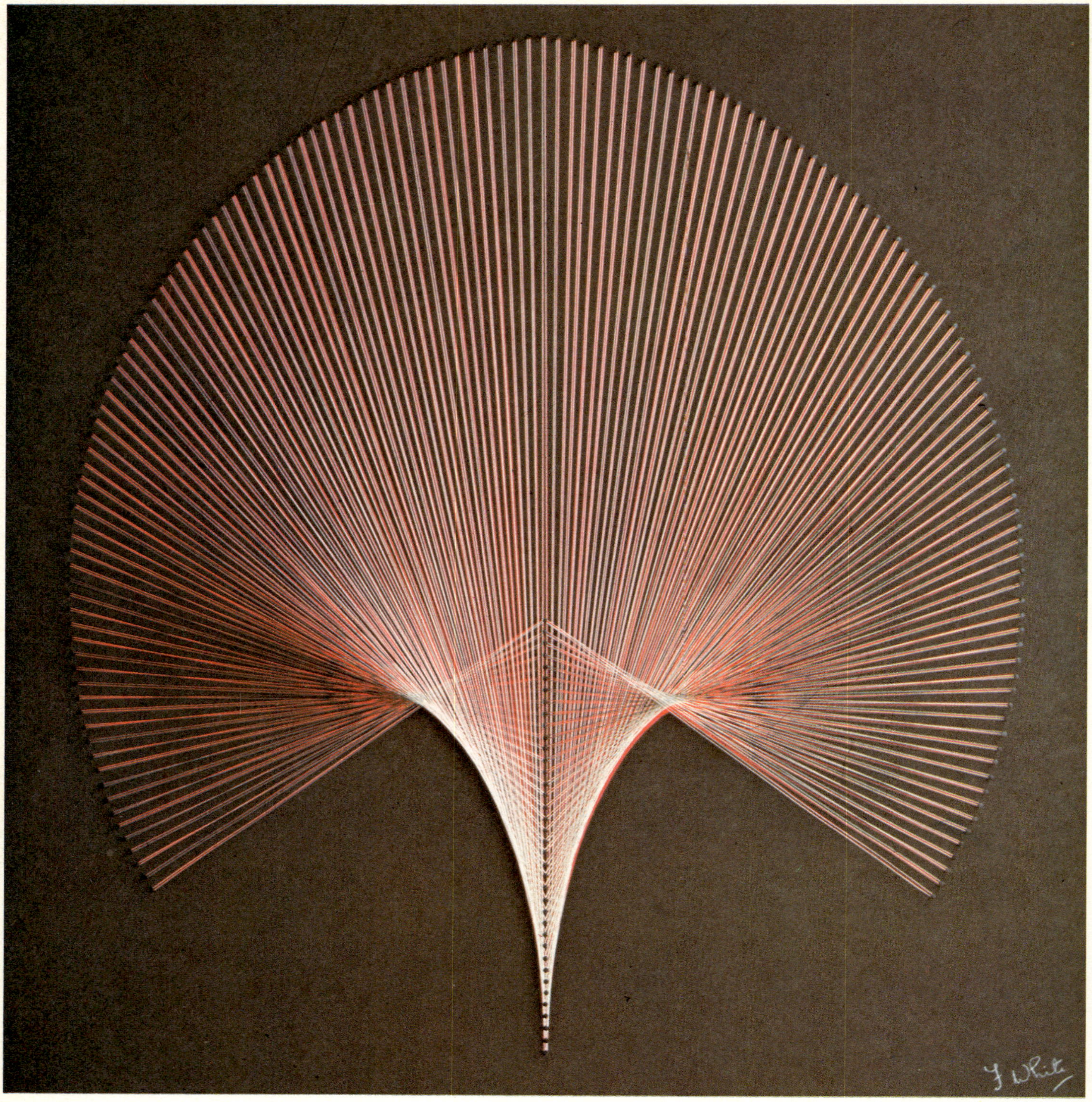

38
PAON

39
APOLLON

40
TOILE D'ARAIGNÉE

33
SAGITTAIRE

Matériel. Contre-plaqué ou aggloméré (813 x 559 x 13 mm) ; feutrine (865 x 610 mm) ; papier quadrillé avec de petits carreaux ; 200 clous de 13 mm ; colle transparente ; 4 pelotes de fil de différentes couleurs (par ex. beige, brun, rouge et orange).

Patron. Agrandissez le graphique sur papier quadrillé. Marquez l'emplacement de chaque clou. Tracez les lignes A1 - A55, B1 - B55, C1 - C43 et D1 - D13, marquant les points à l'intersection de la courbe et des côtés horizontaux des carreaux du papier. Tracez la ligne E, espaces entre les clous 1 et 15 : 2,5 cm ; espaces entre les clous 16 à 27 : 6mm. Espaces entre les clous de F et G : 6 mm.

Support. Voir l'introduction.

Pointes. Fixez le patron sur le support avec des punaises. Enfoncez les clous à travers le papier, puis enlevez soigneusement le patron.

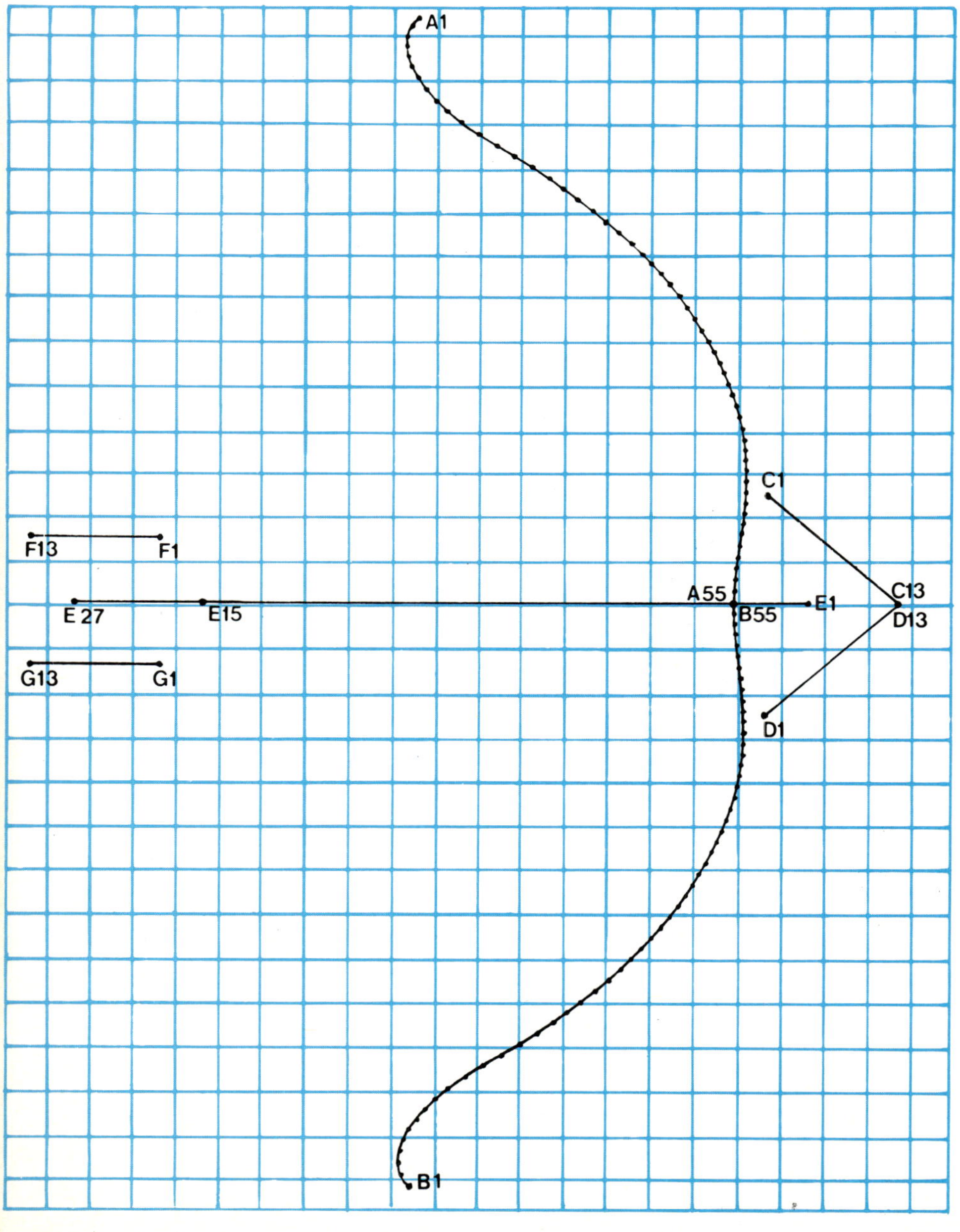

Fils. Attachez le fil beige en E1 et passez-le en E2, E2 - E3, E3 - E4 et ainsi de suite jusqu'à E15. Revenez de la même façon vers E1 où vous arrêtez le fil. Attachez un fil rouge en E14 et faites E14 - A9, A9 - E14, E14 - A10, A10 - E14, E14 - A11, etc. jusqu'en A16. De là, revenez vers E14 et passez le fil vers B9, B9 - E14, E14 - B10, B10 - E14, etc. jusqu'à B16. Revenez en E14 et arrêtez le fil. Attachez un fil brun en A9 et faites A9 - A5, A5 - A8, A8 - A4, A4 - A7, A7 - A3, A3 - A6, A6 - A2, A2 - A5, A5 - A1. Répétez en sens inverse jusqu'à ce que le fil vienne en A9, puis faites A9 - A31, A31 - A10, A10 - A32, A32 - A11, etc. jusqu'à A55 où vous arrêtez le fil. Faites de même sur la rangée B. Attachez un fil rouge en D1 et faites D1 - C7, C7 - D2, D2 - C8, etc. jusqu'en C12. De là, faites C12 - C13 (qui est aussi D13) et ensuite D13 - D7, D7 - C1, C1 - D8, D8 - C2, C2 - D9, etc. jusqu'en D12. Passez en C7 et arrêtez le fil. Attachez un fil orange en E15 et passez en F1, F1 - E15, E15 - G1, G1 - E15, E15 - E16, E16 - E17, E17 - F3, F3 - E17, E17 - G3, G3 - E17 et terminez la rangée de cette façon en arrêtant le fil en E27. Attachez un fil rouge en E16, puis faites E16 - F2, F2 - E16, E16 - G2, G2 - E16, E16 - E15, E15 - E14, E14 - F4 et terminez la rangée de cette façon en arrêtant le fil en E26.

34
CAPRICORNE

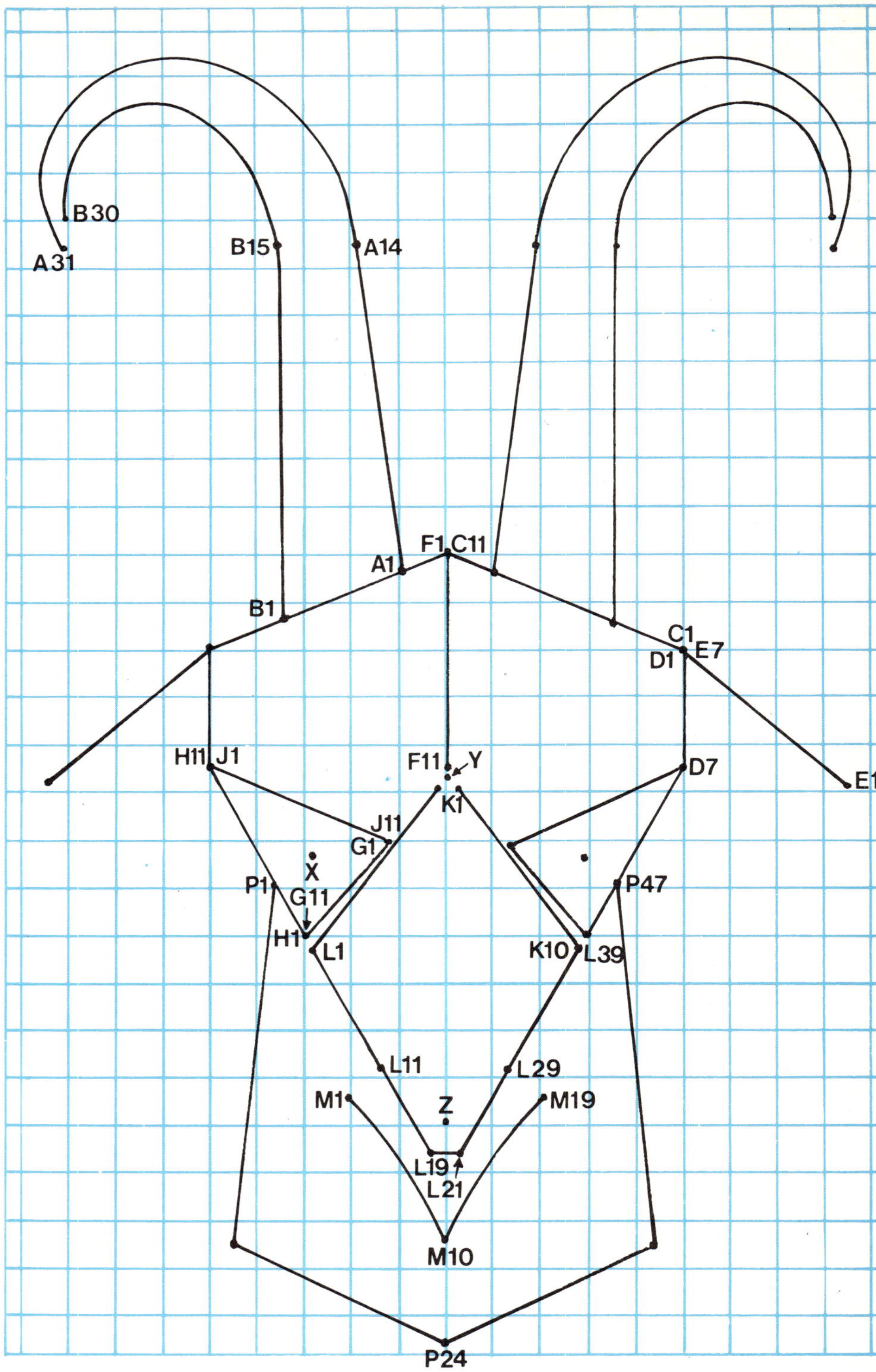

Matériel. Contre-plaqué ou aggloméré (813 x 559 x 13 mm) ; feutrine (865 x 610 mm) ; papier quadrillé ; 357 clous de 13 mm ; colle transparente ; fils bleu, jaune et fil d'argent.

Patron. Faites l'agrandissement du graphique sur papier quadrillé. Marquez d'un point l'emplacement de chaque clou. L'espace entre les clous d'une rangée est égal, sauf pour les rangées A et B où il y a deux espacements différents : calculez des espaces égaux de A1 à A14 et de B1 à B15, puis d'autres espaces égaux de A15 à A31 et de B16 à B30.

Support. Voir l'introduction.

Pointes. Fixez le patron sur le support avec des punaises. Enfoncez les clous à travers le papier, puis enlevez soigneusement le patron.

Fils. Attachez un fil d'argent en A1 et faites A1-B1, B1-B2, B2-A1, A1-A2, A2-B2, B2-B3, B3-A2, A2-A3, A3-B3 et ainsi de suite jusqu'à B30, puis B30-A31, A31-A30, A30-A31 où vous arrêtez le fil. Faites l'autre corne de la même façon. Attachez un fil jaune en C1, passez-le en J2, J2-C2, C2-J3, etc. et arrêtez le fil en C11. Faites de même l'autre côté. Attachez un fil d'argent en C1 et faites C1-C11, C11-F11, F11-C10, C10-F10, etc. et arrêtez le fil en C1. Faites de même l'autre côté. Attachez le fil en D7 et faites D7-D1, D1-E1, E1-D7, D7-E6, E6-D6, D6-E5, etc. et arrêtez le fil en E1. Faites de même l'autre côté. Attachez un fil bleu en J11, faites J11-H11, H11-G11, G11-J11, J11-H10, H10-J10, J10-H9, etc. et arrêtez le fil en H1. Faites de même l'autre côté. Attachez un fil blanc en X et faites X-G2, G2-X, X-G3, etc. et arrêtez en X le fil venant de G10. Faites de même l'autre côté. Attachez un fil bleu en K1 ; faites K1-K10, K10-L10, L10-K9, K9-L9, etc. et arrêtez le fil en K1 ; faites de même L26, L26-Y, etc. et arrêtez le fil en Y lorsque vous venez de L29. Attachez du fil bleu en L29 et faites L29-L21, L21-L19, L19-L11, L11-M1, M1-M10, M10-M19, M19-L29, L29-M18, M18-L28, L28-M17, etc. et arrêtez le fil en M1. Attachez un fil d'argent et passez le fil en Z, puis Z-L16, L16-Z, etc. jusqu'à ce que vous arriviez en Z, venant de L25. Arrêtez le fil. Attachez un fil jaune en P1 et faites P1-P2, P2-H3, H3-P3 et ainsi de suite. Arrêtez le fil en P47.

35
VERSEAU

Matériel. Contre-plaqué ou aggloméré (813 x 610 x 13 mm) ; feutrine (865 x 660 mm) ; papier quadrillé ; 286 clous de 13 mm ; colle transparente ; fil d'or, fil d'argent et fil bleu.

Patron. Faites l'agrandissement grandeur réelle sur papier quadrillé. Marquez l'emplacement de chaque clou par un point. Sur chaque rangée, les espaces entre les clous sont égaux.

Support. Voir l'introduction.

Pointes. Fixez le patron sur le support avec des punaises. Enfoncez les clous à travers le papier, puis enlevez soigneusement le patron.

Fils. Attachez le fil d'or en X et passez-le en A2, A2-A3, A3-X, X-A4, A4-A5, A5-X, et ainsi de suite. Arrêtez le fil en A40. Attachez le fil en A1, faites A1-A9, A9-A17, A17-A25, A25-A33, A33-A41 et arrêtez le fil. Attachez-le à nouveau en A1 et enroulez-le autour de chaque clou de A jusqu'en A41 où vous l'arrêtez. Attachez de nouveau du fil d'argent en B1 et passez-le en C1, C1-B2, B2-C2 et ainsi de suite jusqu'en C21. Attachez du fil bleu en E9 et faites E9-D1, D1-E2, E2-D2, D2-E3 et ainsi de suite jusqu'en E9 où vous l'arrêtez. Recommencez la même chose pour réaliser F, G (fil d'argent), J, H (fil bleu), K, L (fil d'argent), M, N (fil d'argent) et O, P (fil bleu).

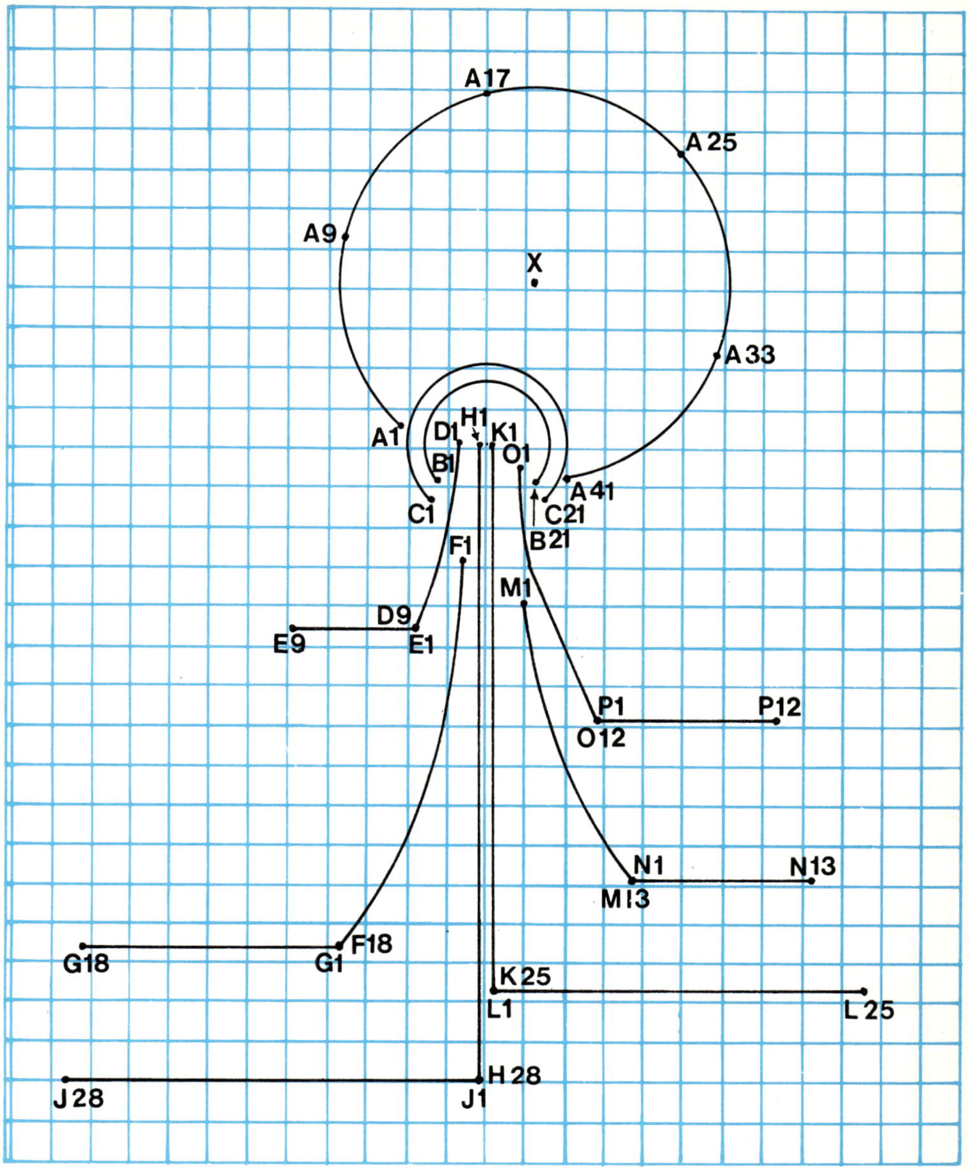

36 POISSONS

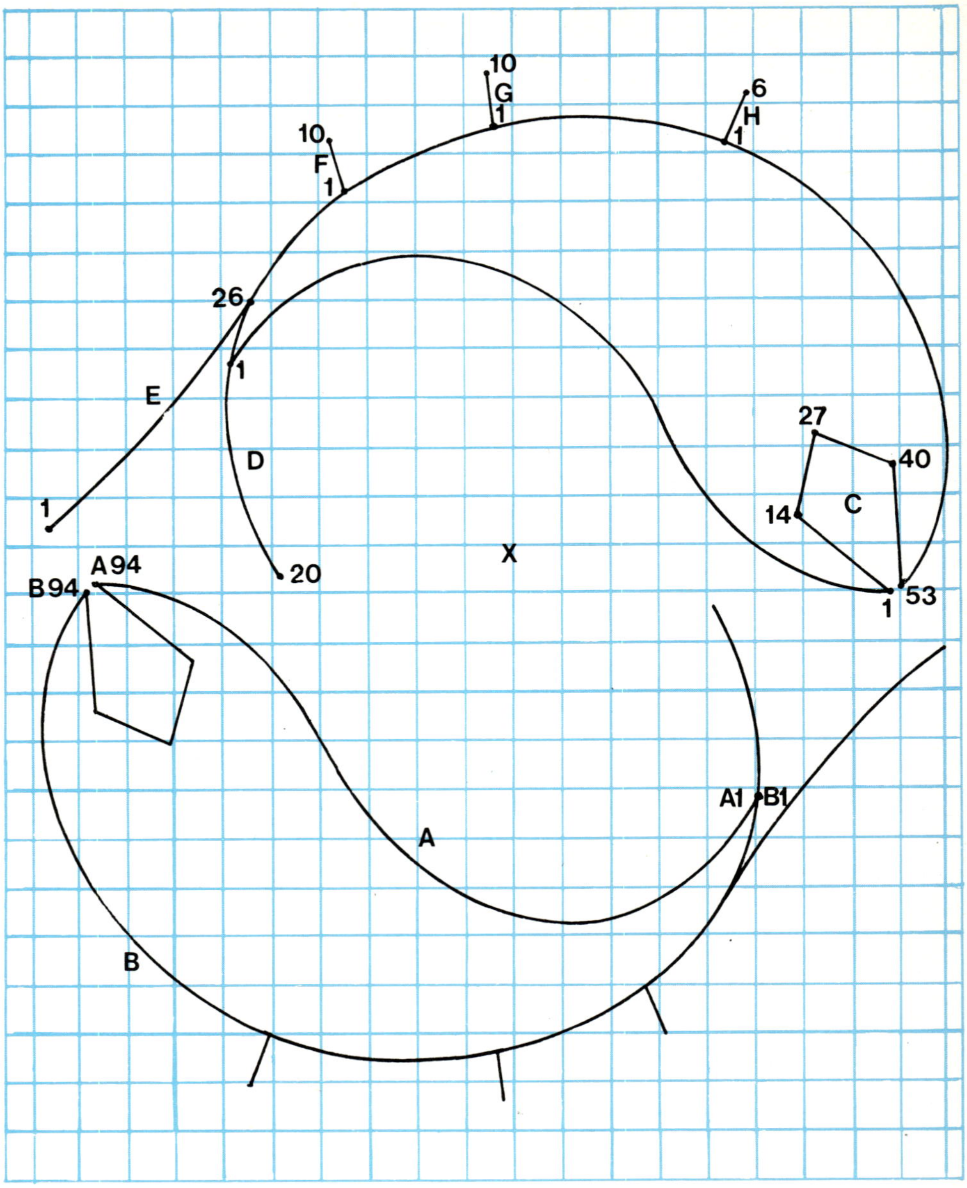

Matériel. Contre-plaqué ou aggloméré (813 x 559 x 13 mm) ; feutrine (865 x 610 mm) ; papier quadrillé ; 575 clous de 13 mm ; colle transparente ; fil d'argent, fil d'or et fil bleu clair.

Patron. Tracez le patron à la grandeur réelle sur du papier quadrillé. Marquez d'un point l'emplacement de chaque clou. Tracez les lignes A et B et marquez 94 points sur la ligne A, espacés également, excepté les 10 derniers entre lesquels l'espace doit être double. Placez ensuite une règle contre le point X et marquez les 94 points de B en alignant la règle sur X et les points correspondants de A. Espaces égaux entre les clous des rangées C, D et E.

Support. Voir l'introduction.

Pointes. Fixez le patron sur le support avec des punaises. Enfoncez les clous à travers le papier, puis enlevez soigneusement le patron.

Fils. Attachez un fil bleu clair en A1 et faites A1-B1, B1-A2, A2-B2, et ainsi de suite jusqu'à la bouche. Continuez ensuite par la seule ligne B, en sautant un clou sur deux de la bouche, jusqu'à B94 où vous arrêtez le fil. Attachez le fil en A94 et faites l'autre côté de la bouche de la même manière. Attachez du fil d'or en C1 et faites C1-C15, C15-C2, C2-C16, C16-C3 et ainsi de suite jusqu'à C27. De là, passez le fil en C41, C41-C28, etc. jusqu'en C53 où vous arrêtez le fil. Attachez du fil d'argent en E1 et passez-le sur le clou B12 environ, puis B12-E2, E2-B10, B10-E3, E3-B8, B8-E4, E4-B6, B6-E5, E5-B4, B4-E6, E6-B2, B2-E7, E7-D1, D1-E8, E8-D2 et ainsi de suite jusqu'en D20 où vous arrêtez le fil. Attachez le fil en Y (point imaginaire coïncidant avec le 11e clou à partir de l'intersection des lignes F et B) et faites la nageoire : Y-F1, F1-1 clou en deçà de Y, F2, et ainsi de suite jusqu'à F10. A partir de là, passez le fil jusqu'au 11e clou situé de l'autre côté de la nageoire et complétez celle-ci de la même manière. Arrêtez le fil en F1. Faites les nageoires G, H, ce dernier cependant ne comprend que 6 clous et, par conséquent, il faut partir du 7e clou de part et d'autre de l'intersection des lignes H A.

37 LAMPE A PÉTROLE

Matériel. Contre-plaqué ou aggloméré (444 x 762 x 13 mm) ; feutrine (500 x 800 mm) ; papier quadrillé ; 621 clous ; 2 gros clous à tête ; colle transparente ; une bobine de fil d'or, une de fil d'argent ; un morceau de bois ou de carton pour faire la roulette réglant la hauteur de la mèche.

Pointes. Fixez le patron sur le support avec des punaises. Enfoncez les clous à travers le papier. Aux points X et Y, prenez de gros clous à tête. Enlevez ensuite soigneusement le patron.

Fils. Faites d'abord la base et le pied de la lampe. Attachez le fil en A1, contournez B1, B2, B2-A2, A2-A3, A3-B3, tournez autour du clou, puis B4-A4 et ainsi de suite jusqu'en B31 où vous arrêtez le fil. Faites bien passer le fil toujours du même côté du clou. Attachez le fil en C1, faites C1-D1, D1-D2, D2-C2, C2-C3, C3-D3, etc. jusqu'à D31 où vous l'arrêtez. Attachez le fil en E1, faites E1-C1-F1, F1-A15, A15-E2, E2-C2, C2-F2, F2-A14 et ainsi de suite jusqu'à A1 où vous arrêtez le fil. Pour achever la base, attachez le fil en F1, faites F1-A17, A17-C31, C31-F2, F2-A18, A18-C30, C30-F3, etc. et arrêtez le fil en C17. Le récipient à pétrole est composé de 10 éléments. Attachez le fil à chaque clou G1 et faites G1-H1, H1-J1, J1-G2, G2-H2, H2-J2, J2-G3, etc. et arrêtez le fil en J15. Faites les trois autres sections G, H, J de la même manière. Attachez le fil à chacun des clous K1 et faites K1-L1, L1-M1, M1-K2 et ainsi de suite ; arrêtez le fil en M15. Faites de la même manière les 5 sections restantes. Pour le collier, attachez le fil en n1 et faites n1-o1, o1-p1, p1-q1, q1-n2, n2-o2, etc. et arrêtez le fil en q7. Faites de la même manière l'autre partie du collier (n, o, p, q). Attachez le fil en r1 et faites r1-s1, s1-t1, t1-u1, u1-r2, etc. et arrêtez le fil en u7. Faites l'autre partie semblable. Pour le globe attachez le fil en V1, tournez le fil autour de X, puis X-V2, V2-X, X-V3, etc. jusqu'à V82 où vous l'arrêtez. Le fil passe toujours derrière X. Faites maintenant le verre. Attachez le fil en W1 et, en passant chaque fois derrière Y, faites W2, W2-Y, Y-W3, W3-Y, etc. et arrêtez le fil en W23. Mettez un point de colle sur chaque nœud. Finalement, tracez l'emplacement du dispositif pour régler la mèche et collez les petites pièces (bois ou carton) à leur place.

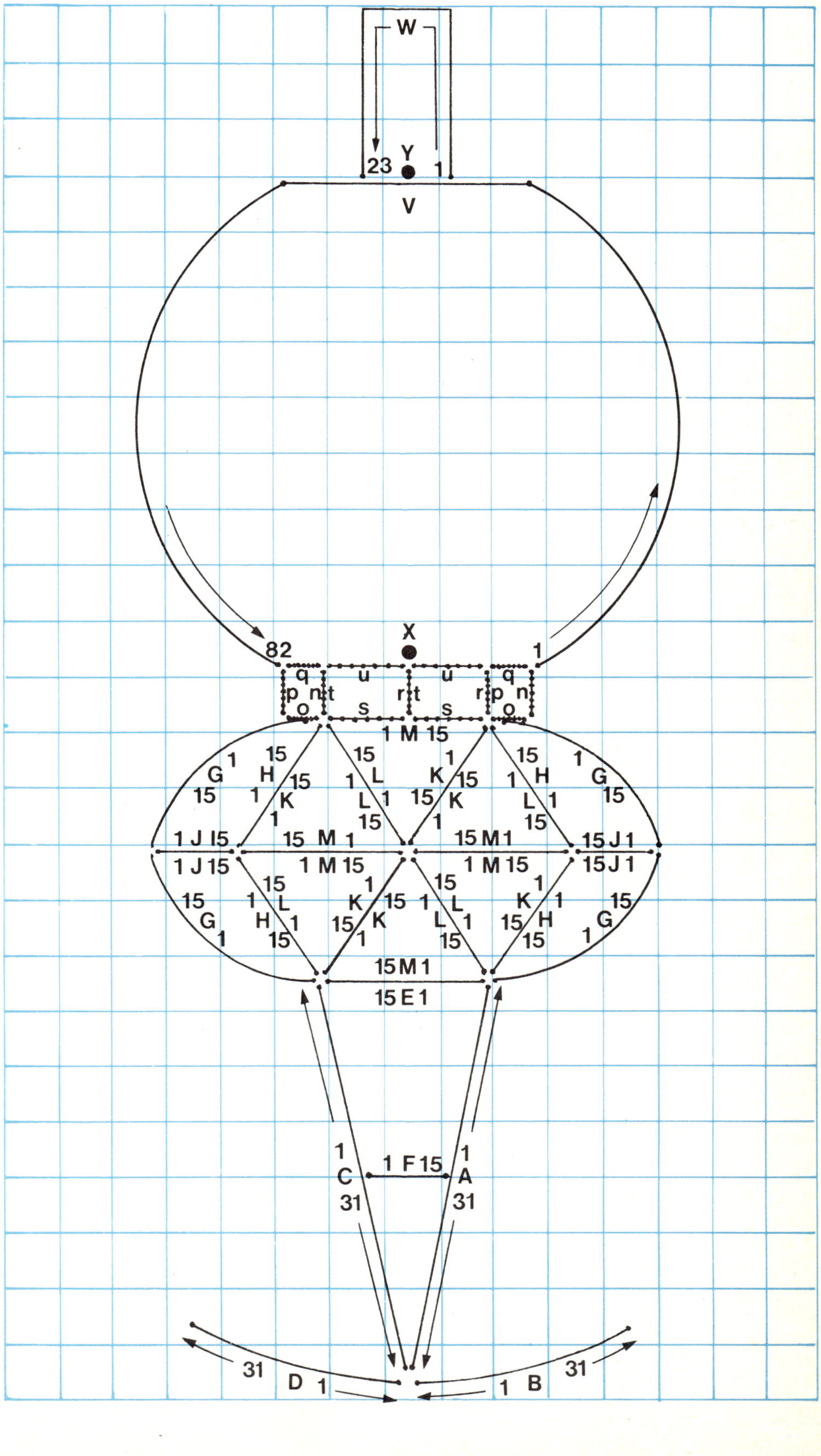

38
PAON

Matériel. Contre-plaqué ou aggloméré (610 x 610 x 13 mm) ; peinture noire mate ; pinceau ; 189 clous de 19 mm ; papier quadrillé ; bobine de fil rose et fil d'acier.

Patron. Faites l'agrandissement du modèle sur du papier quadrillé. Marquez d'un point l'emplacement de chaque clou sur les deux rangées A1 - 38 et B1 - 151. Espaces égaux entre les clous.

Support. Voir l'introduction.

Pointes. Fixez le patron sur le support avec des punaises. Enfoncez les clous à travers le papier et enlevez soigneusement le patron.

Fils. Attachez un fil rose en A1 et faites A1 - B1, B1 - A1, A1 - B2, B2 - A2, A2 - B3, B3 - A2, A2 - B4, B4 - A3, A3 - B5, B5 - A3 de nouveau, A3 - B6, B6 - A4, etc. De cette façon chaque clou de la rangée A est utilisé deux fois par rapport à ceux de B. Lorsque vous arrivez en A38, remontez le fil jusqu'en B76 sur la gauche de la rangée et revenez en A38 sur la droite. Continuez à tendre le fil de la façon précédente jusqu'à ce que vous atteigniez de nouveau A1 où vous arrêtez le fil. Si vous désirez que le paon ait un aspect plus chatoyant, tendez à nouveau l'ensemble de fil d'acier sur le fil rose.

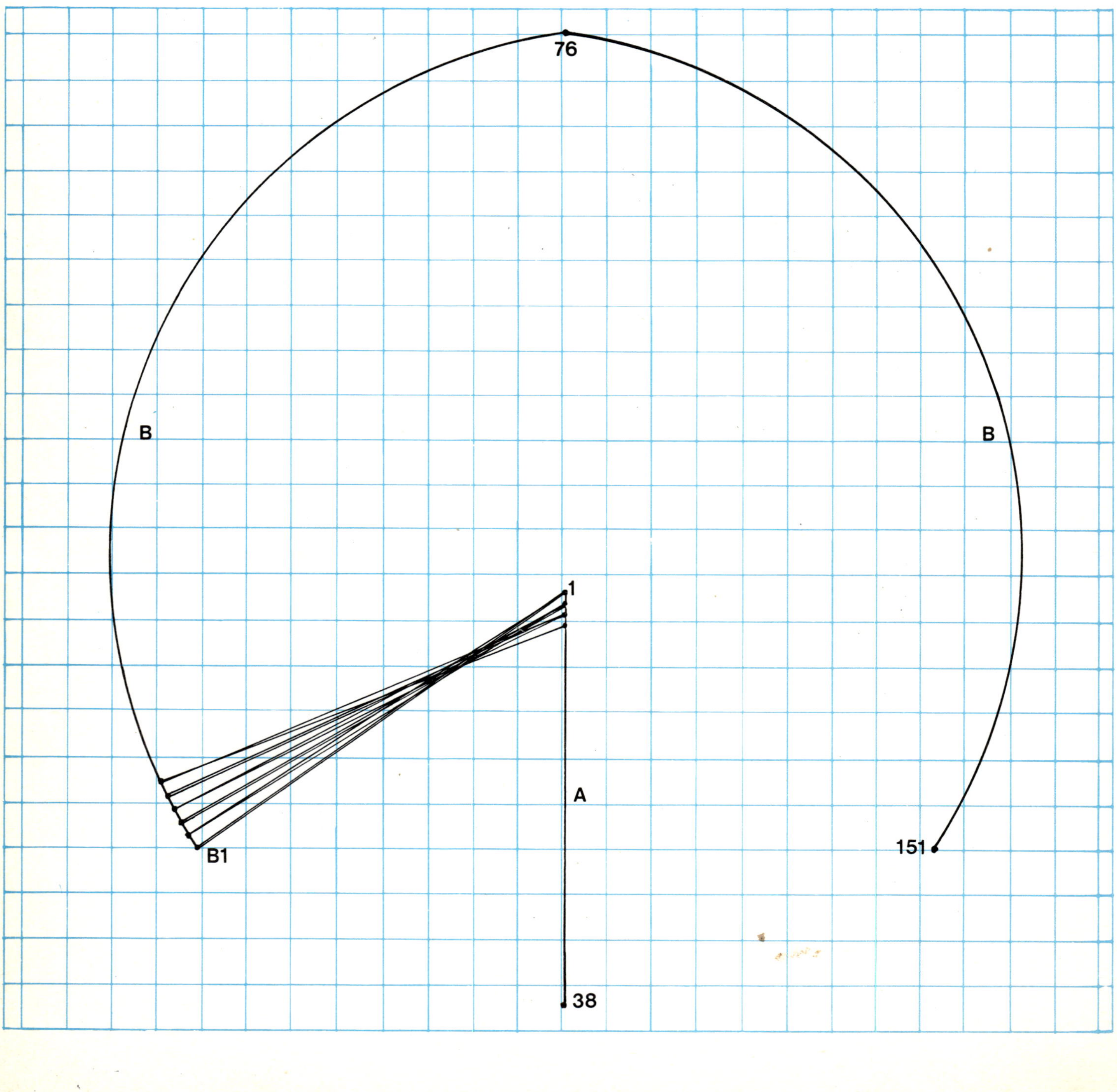

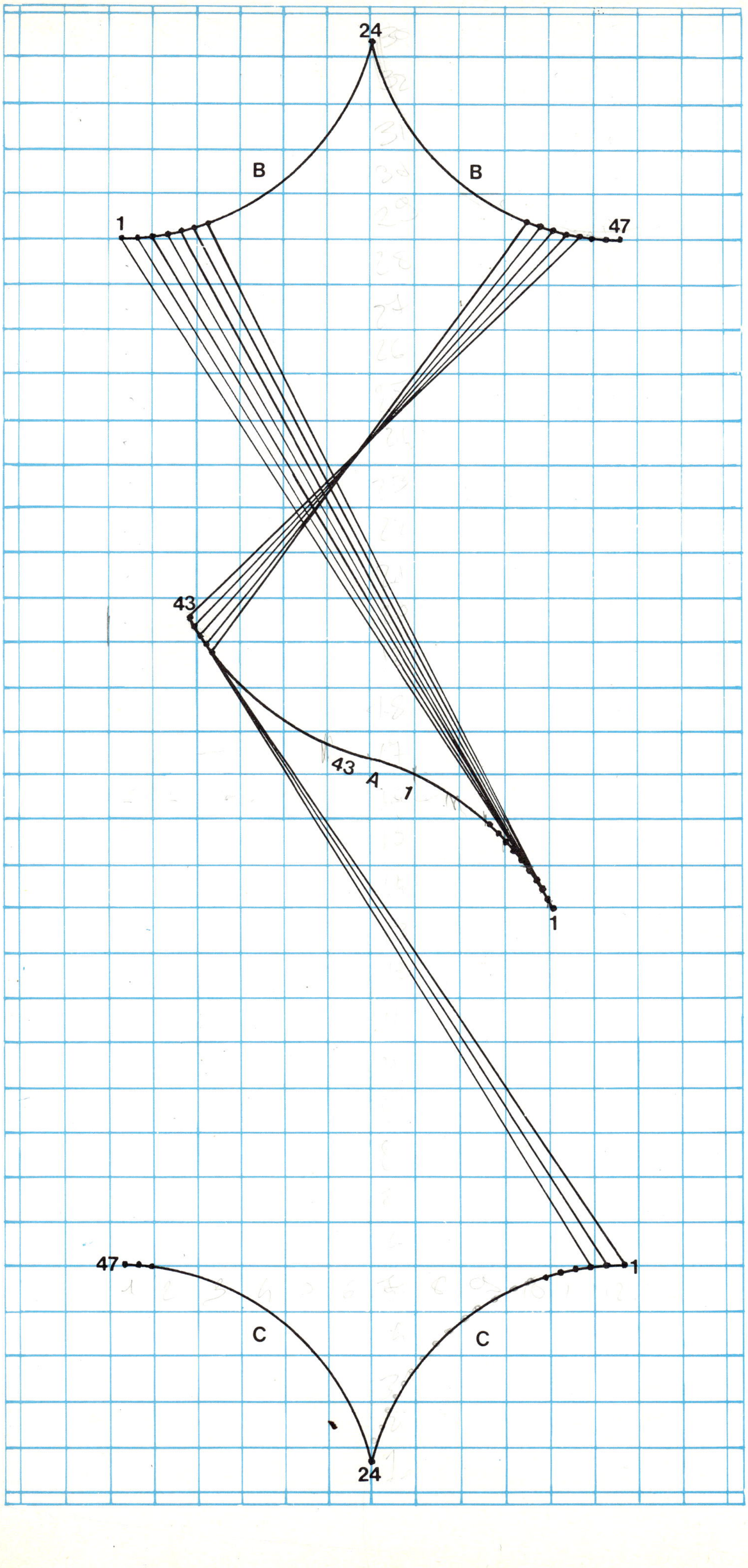

39
APOLLON

Matériel. Contre-plaqué ou aggloméré (837 x 356 x 13 mm) ; peinture noire mate ; pinceau ; 137 clous de 19 mm ; papier quadrillé ; une pelote de fil d'or et une de fil rouge.

Patron. Agrandissez le graphique sur du papier quadrillé. Marquez d'un point l'emplacement de chaque clou. Sur chaque rangée, l'espace entre les clous est égal.

Support. Peignez le support en noir mat et laissez sécher.

Pointes. Fixez le patron sur le support avec quelques punaises. Enfoncez les clous à travers le papier, puis enlevez soigneusement le patron.

Fils. Attachez le fil d'or en A1 et faites A1-B1, B1-A2, A2-B2 et ainsi de suite jusqu'à A43 (laissez inutilisés les clous B43 à B47). Maintenant, passez le fil de A43 en C1, C1-A42, A42-C2 et ainsi de suite jusqu'en A1 où vous arrêtez le fil (laissez inutilisés les clous C43 à C47). Attachez le fil rouge en A43 et repassez sur le fil d'or jusqu'en B47, puis B47-A2, A2-B46, et ainsi de suite jusqu'à A1 (gardez seulement le fil d'or de B1 à B5), Passez maintenant de A1 à C47, C47 à A2, A2-C46, etc. jusqu'en A43 et arrêtez le fil (en gardant seulement le fil d'or de C1 à C5).

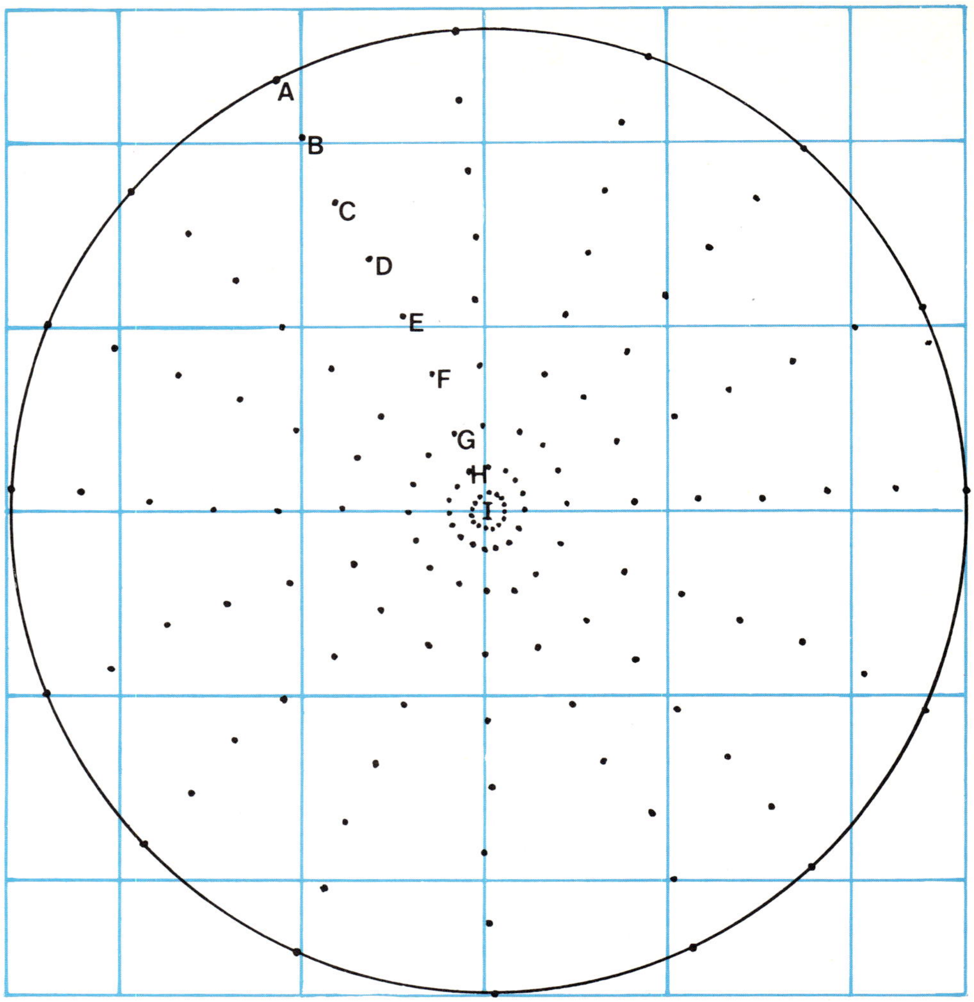

40 TOILE D'ARAIGNÉE

Ce joli motif prouve qu'on peut aussi utiliser des pointes et des fils d'un manière beaucoup moins formelle. Si vous avez réalisé l'un ou l'autre des motifs précédents, vous aimerez probablement passer au stade de la création personnelle, soit que vous continuiez dans le même style, soit que vous vous lanciez dans des recherches plus libres.

Matériel. Écorce de liège (canon naturel ou imitation) d'environ 305 x 230 mm, une boîte d'épingles et un peu de fil argenté très fin.

Patron. Il est inutile de faire un patron sur papier quadrillé. Inspirez-vous du schéma et piquez des épingles sur 9 cercles concentriques. La précision ici n'a guère d'importance.

Fils. Attachez le fil en A et entourez-le sucessivement autour de chaque épingle du cercle A, puis arrêtez-le. Faites de la même manière les cercles concentriques de B à I. Attachez de nouveau le fil en A et, cette fois, tendez-le vers le centre. Faites la même chose à partir de chaque épingle de A, en arrêtant chaque fois le fil au centre.

PLANTEZ DES CLOUS... SANS FILS

Les clous ont des formes, des tailles et des teintes tellement variées qu'on peut composer des tableaux entiers rien qu'avec eux. L'aspect esthétique des meilleures réalisations de ce genre vient de leur texture originale et des ombres créées par des clous différents, plutôt que de leurs couleurs. Cependant, cela ne veut pas dire qu'on ne puisse utiliser de temps à autre des clous à tête colorée. Il est également intéressant de compléter un tableau avec quelques clous bien disposés ; par exemple, certains détails peuvent ainsi être accentués ou réchampis de manière originale.

Dans ce genre d'activité créatrice, chacun peut donner libre cours à son imagination. Il est cependant plus raisonnable de s'en tenir au début à des motifs simples. L'intérêt de cette technique de composition avec des clous est de pouvoir ajouter au sujet presque terminé un certain nombre de motifs secondaires. Un tableau constitué principalement de droites et de courbes gagne parfois à être complété par quelques clous de taille différente enfoncés le long des traits principaux. Dans ce genre, le sujet peut gagner en fini.

Les clous ne doivent pas nécessairement être cloués sur une planche. On peut les poser à plat et les coller sur le support ; l'effet obtenu est parfois saisissant. D'autre part, il n'y a aucune raison de ne travailler que sur un fond plat. Avec du bois et des clous, on peut créer d'excellentes sculptures tridimensionnelles. Il n'y a guère de règles strictes dans ce domaine, mais seulement quelques considérations pratiques : il faut un support suffisamment solide, un bloc de bois en bon état par exemple. L'épaisseur du bloc dépend de la taille de la sculpture envisagée. Si l'œuvre a 30 cm, le bloc doit avoir au moins 7,5 cm d'épaisseur et comporter une base qui soit de niveau. Il sera parfois nécessaire d'ajouter à la base un morceau de contre-plaqué pour améliorer la stabilité de la pièce. Pour des hauteurs supérieures à 30 cm, l'épaisseur du bloc doit être augmentée en conséquence.

Lorsque vous avez trouvé le bloc de bois, choisissez les sortes de clous à utiliser et leur quantité. Plus les clous sont variés (longueur, grosseur, taille de la tête, teinte du métal, etc.) plus la forme et l'aspect de la composition auront de valeur. En effet, la qualité esthétique d'une sculpture pareille dépend surtout de la grande variété des formes et des textures créées par des masses serrées de clous différents. Répartissez le motif sur l'ensemble du bloc de bois plutôt que de le concentrer au milieu.

Autre possibilité à ne pas négliger : pourquoi ne pas peindre en différentes couleurs les têtes de certains clous ? Utilisez pour cela une peinture acrylique. Pour enfoncer les clous en grappes serrées, prenez un marteau de tapissier, léger et à petite tête.

L'utilisation des clous peut aussi être combinée avec d'autres techniques ; par exemple, assortiment de clous et chutes de tissus. En équilibrant avec goût les surfaces cloutées et les morceaux d'étoffes, on peut réussir des collages rustiques intéressants. Il ne faut pas oublier que, si l'on utilise des clous, le support doit être plus solide que pour un simple collage. L'épaisseur doit être suffisante pour que les clous tiennent sans bouger. Si l'on se contente de coller les clous à plat, la planche doit être assez robuste pour supporter le poids sans se gauchir. Après avoir marqué clairement l'emplacement des clous, commencer à dessiner les formes souhaitées. Comme pour la sculpture, utilisez des clous très variés. Clouez ceux qui doivent l'être avec un petit marteau de tapissier. Si le motif est complexe et si les pointes doivent être enfoncées à des niveaux différents, utilisez un chasse-clou.

De beaux motifs figuratifs – roue de charrette, rayons du soleil, etc. – sont faciles à réaliser avec des clous collés à plat. Choisissez une bonne colle cellulosique. Au début, faites des motifs simples, suivez des procédés faciles. Peu à peu, avec de l'expérience, vous pourrez faire des compositions plus élaborées.

Nous vous proposons quatre exemples de compositions réalisées avec des clous. Les matériaux sont de type courant. En suivant les explications, adaptez les motifs et imaginez vos propres œuvres.

41
CARTE DE GÉOGRAPHIE

Les cartes géographiques ont des formes assez pures, qui conviennent bien au travail des clous. Réalisées, elles sont décoratives et une série de cartes de différents pays peut égayer les murs d'une chambre ou d'une salle de classe. Cette carte de Grande-Bretagne a été décalquée sur un atlas scolaire.

Choisissez un support solide, la quantité de clous étant très importante, il faut une planche ni trop tendre ni trop mince, car le bois se fendrait. Prenez donc un panneau-blocs, le bois est solide sans être trop dur. Il se cloue facilement, mais les clous tiennent bien. Ou choisissez du contre-plaqué d'au moins 9 mm.

Avant de tracer la carte,peignez le panneau, avec une peinture qui donne un état de surface résistant, pratiquement inaltérable, une peinture au polyuréthane par exemple. Laissez-la sécher complètement.

Décalquez la carte de l'atlas sur du papier calque, sans trop appuyer sur le crayon. Placer ensuite un papier carbone sur le support, puis le calque et fixez-les tous les deux sur le bois avec un ruban adhésif. Le calque doit être tendu, sans plis. Repassez les contours de la carte avec un crayon à mine de plomb, sans forcer pour ne déchirer ni le calque ni le papier carbone.

La carte étant tracée sur le support, choisissez maintenant vos clous. Nous avons utilisé des clous de 25 mm à tête plate, mais ce n'est pas une raison pour ne pas en préférer d'autres. Cependant ne prenez pas des clous à trop petite tête car pour obtenir l'effet global, ils devraient être très serrés et ce serait assez compliqué de les enfoncer. Même avec des clous à grosse tête, la réalisation de cette carte prend déjà beaucoup de temps.

Après avoir choisi les clous appropriés, plantez-en quelques-uns sur tout le pourtour de la carte en les espaçant correctement. La réussite ou l'échec, dans ce genre de composition, dépend souvent de l'espacement laissé entre les clous. Ici la tête de chaque clou touche à peine celle du clou voisin.

Si on les espace trop, le tableau paraîtra clairsemé et comme piqueté. Si au contraire on les rapproche trop, la figure sera confuse et embrouillée. De plus, ce sera un tour de force de planter certains clous ! Terminez le pourtour de la carte, puis remplissez-la de clous en gardant toujours le même espacement. Pour le moment, ne plantez pas de clous à l'emplacement de la capitale.

Couvrir de clous toute l'étendue du territoire n'est pas très difficile et le travail avance vite. Mais faire le relief des montagnes requiert plus d'attention. Examinez votre atlas. Évidemment, il ne s'agit pas de reproduire exactement la hauteur et la configuration des différentes chaînes du pays, mais de donner l'impression de relief. Le travail sera facilité si l'on utilise un chasse-clou. Cet outil permet d'enfoncer les clous à la hauteur requise. Si l'on travaille soigneusement, on aura une carte en relief très réaliste.

Maintenant, il est temps de s'occuper de la capitale. Prenez quelques-unes de ces épingles à tête en plastique. Il en existe de toutes les couleurs. Nous avons choisi des épingles rouges. Enfoncez-les doucement avec un de ces petits marteaux métalliques dont on se sert parfois pour casser les plaques de nougat ou de caramel. Martelez avec douceur pour ne pas plier les épingles.

Rien ne vous empêche de signaler aussi en rouge plusieurs grandes villes ou d'autres particularités géographiques de votre pays.

42
L'AQUARIUM

Nous avons déjà signalé qu'il est parfois intéressant de combiner le clou avec d'autres matériaux. Cette scène sous-marine en est un bon exemple. Le fond de la scène est peint sur un panneau de bois de 2 cm d'épaisseur, avec une peinture plastique, acrylique par exemple. Il ne faut pas de grands talents d'artiste pour composer un bel arrière-plan où le réalisme figuratif n'a guère d'importance. Ce qui compte, c'est l'impression globale du tableau achevé.

Laissez sécher la peinture, puis dessinez les poissons. Vous pouvez les décalquer dans une revue ou dans un livre ou les tracer à main levée directement sur le support. Utilisez un crayon à mine de plomb tendre.

Plantez les clous dans le support pour représenter les poissons. Prenez plutôt des petits clous, leur forme n'a pas d'importance. Elle dépend en grande partie de la taille du tableau. Nous avons utilisé des petits clous de 18 mm, à petite tête, pour faire les deux poissons du dessus et des clous à plus grosse tête pour celui du bas. Le poisson du centre est réalisé avec des épingles à tête de plastique de couleur.

Pour réussir une composition, il n'est pas nécessaire d'enfoncer les pointes ou les épingles dans le support. Le poisson du dessus, par exemple, a la queue formée de longs clous placés à plat. Ces clous ont de petites têtes, ce qui permet de les coller plus facilement sur le panneau. De plus, c'est assez joli. Collez les clous avec une bonne colle à base de cellulose.

Les yeux posent quelques problèmes. On peut utiliser un clou à large tête et le peindre. Cependant le meilleur moyen est de piquer une épingle dont la tête imite l'œil : la tête est en plastique avec un point de couleur foncée au centre, entouré de blanc ou de jaune.

Pour rendre l'effet plus saisissant, certains clous du corps ont été peints après avoir été enfoncés dans le support.

Peignez-les avec des couleurs à l'huile ou des peintures plastiques (acryliques, vinyliques). Ces dernières sont moins chères et plus solides : l'état de surface est plus parfait et les couleurs passent moins.

Pour achever le tableau, il ne reste plus qu'à mettre une baguette de sapin tout autour, de la même épaisseur que le support. La baguette peut être collée ou clouée aux quatre angles. Cet encadrement donnera du caractère à votre composition.

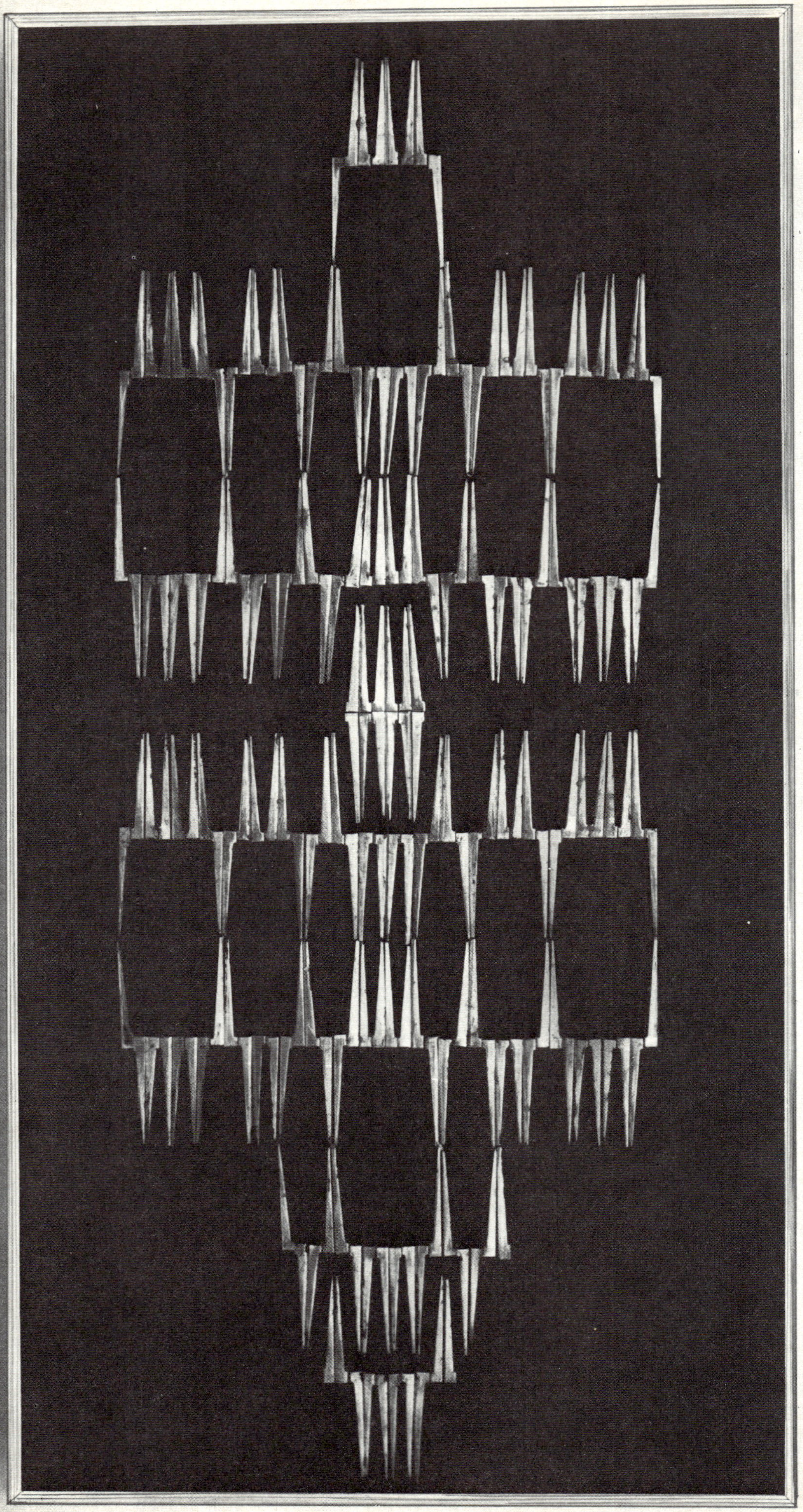

43
PECTORAL INCA

Nous l'avons déjà dit, il n'est pas nécessaire d'enfoncer les clous dans le support pour créer des tableaux caractéristiques. Ce beau pectoral de style inca est entièrement composé de clous à ferrer les chevaux, collés sur un fond. Son dessin angulaire est cependant bien équilibré. Les clous à ferrer sont des clous carrés et la tête ne fait saillie sur la tige que d'un seul côté. Ils sont donc faciles à coller à plat. Nous avons utilisé ici des clous à ferrer de 51 mm. Il en existe de différentes tailles.

Puisque tous les clous sont collés, le support n'a pas besoin d'être très solide : une plaque de bois aggloméré suffit (61 x 30 x 1,3 cm).

Peignez le support, mais auparavant, traitez-en la surface avec un bon enduit plastique. Cette couche de préparation rendra la surface à peindre plus lisse et moins poreuse.

Choisissez une peinture appropriée ; nous avons utilisé une peinture mate noire, à base de polyuréthane. Elle ne risque pas d'être griffée accidentellement lors de la pose des clous. Une peinture mate est préférable car elle met en valeur l'éclat des clous à ferrer. Le noir ne s'impose pas, mais prenez une couleur foncée.

Pendant que la peinture sèche, comptez le nombre exact de clous dont vous aurez besoin. Copiez notre modèle ou inspirez-vous en librement. Collez les clous les uns après les autres avec une colle cellulosique, en tube de préférence car cela facilite l'encollage.

Une fois tous les clous mis en place, nettoyez soigneusement les gouttes de colle qui auraient pu déborder de dessous les clous. Un mot encore sur le collage des clous : ajustez leur position en les faisant glisser légèrement avant que la colle ne durcisse. Laissez ensuite la colle durcir complètement. Posez le tableau fini à plat sur la table. Placez la table dans un endroit calme où elle ne risque pas d'être heurtée. Un bon système consiste à poser délicatement sur le tableau une autre plaque de même dimension, qui reposerait sur les clous. Ce genre de presse améliorerait l'adhérence.

Voici le tableau achevé. Si vous découvrez encore quelques gouttes de colle sèche, faites des retouches au pinceau, avec un peu de couleur.

Cette belle composition décorera agréablement votre maison. Son dessin est inspiré de motifs découverts sur d'anciens pectoraux ainsi que sur des coiffures incas.

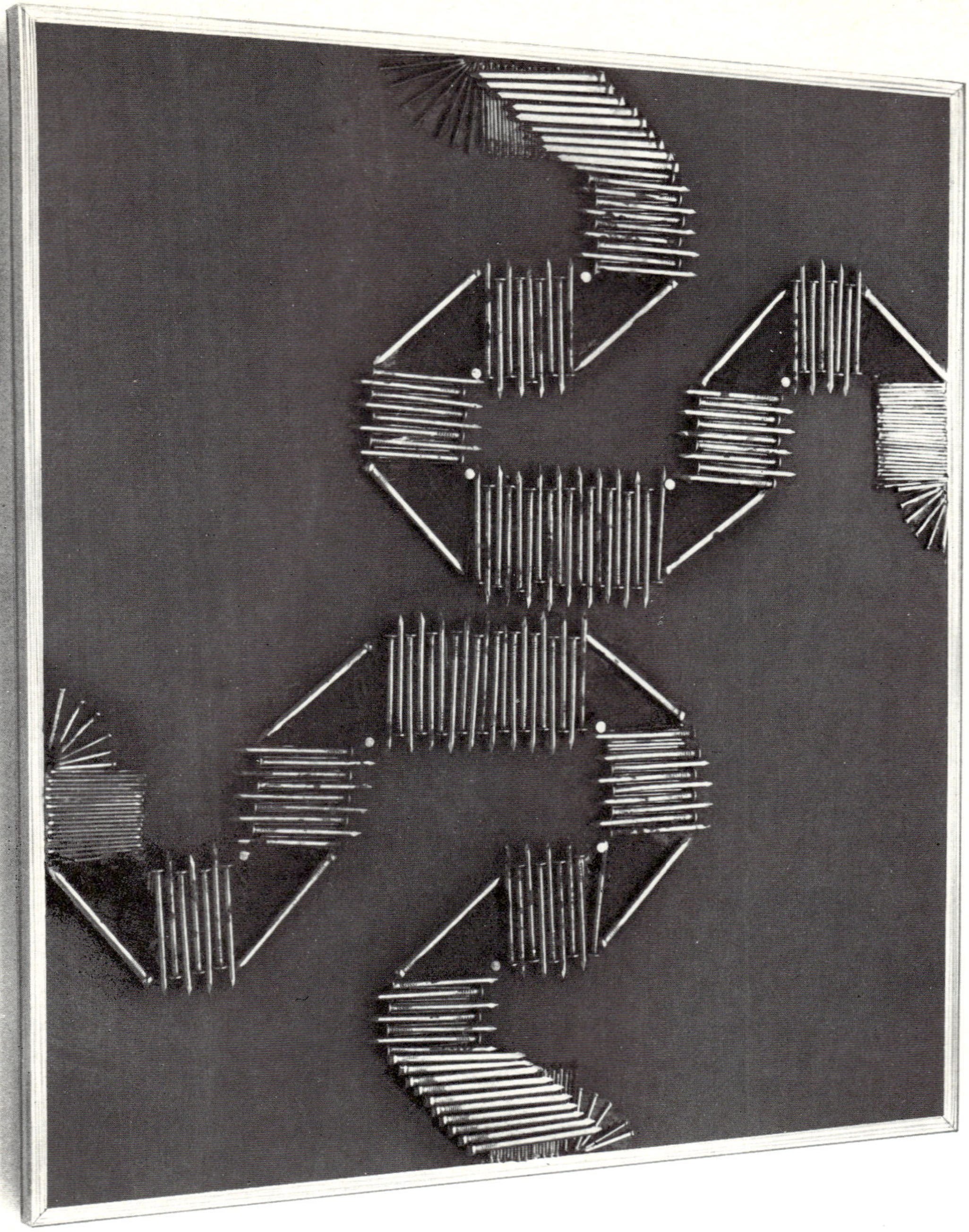

44 TALISMAN

Cette œuvre paraît moins élaborée que les autres, mais elle n'en est pas moins belle dans sa simplicité un peu naïve.

Ce sont ces clous collés et non pas plantés dans le support, qui lui donnent du caractère.
On a choisi une plaque de bois aggloméré (610 x 610 x 13 mm), peint avec une peinture mate à base de polyuréthane, de couleur tête de nègre.

Les clous utilisés pour le motif ont 38 mm de long et ont une petite tête ronde. Ils ont été collés avec une colle cellulosique. Notez qu'ils ont été placés tête-bêche. Au bout de chaque rangée, un plus grand clou (51 mm) à petite tête est posé en oblique.

L'effet visuel global est celui de lignes angulaires, de plages sinueuses. Pour accentuer encore cette impression de courbes, les triangles formés par les clous obliques ont été peints en une teinte plus foncée. Remarquez aussi sur les bords extérieurs du motif les clous disposés en éventail.
Pour plus de détails techniques, voir les explications du modèle précédent.

Le tableau paraîtra plus fini si vous clouez, ou si vous collez, une baguette d'encadrement en sapin blanc sur les chants du support.